建设生态新农村丛书　主编　沈东升

生态旅游百问百答

赵芝清　何虹蓁　编著

浙江工商大学出版社

前言

FOREWORD

“三农”问题是关系到改革开放和现代化建设全局的重大问题。没有农村的稳定就没有全国的稳定，没有农民的小康就没有全国人民的小康，没有农业的现代化就没有整个国民经济的现代化。搞好农村这个大头，就有了把握全局的主动权。“建设生态新农村丛书”正是贯彻党的十七大和十七届五中全会精神，落实《中共中央办公厅、国务院办公厅关于进一步加强农村文化建设的意见》要求，促进农村文化和经济、政治、社会协调发展，帮助广大农民增收致富，丰富农民群众精神文化生活，进一步加强我省服务“三农”出版物出版发行工作而制定的“服务‘三农’重点出版物出版工程”。

本套“建设生态新农村丛书”，包括《村镇规划百问百答》、《环保理念百问百答》、《循环经济百问百答》、《生态住宅百问百答》、《生态旅游百问百答》、《生态养殖百问百答》、《安全种植百问百答》、《食品安全百问百答》、《清洁能源百问百答》、《饮水安全百问百答》、《清洁河道百问百答》、《垃

圾处理百问百答》、《污水处理百问百答》、《固废利用百问百答》、《低碳生活百问百答》等15个分册，分别从农业、农村和农民三个角度，多方位探讨农村从温饱到小康，进而实现现代化的历史进程中，农村的经济建设和生态文明建设面临的诸多新问题。本丛书力求为切实解决农民收入增长、农业基础设施、农村抗御自然灾害能力等人口、资源、环境问题与矛盾提供参考，以全面推进农村经济发展和社会进步，全面实现小康并逐步向更高的水平前进，建成富裕、民主、生态、文明的社会主义新农村。

本套丛书编写通过基本概念介绍、关键工艺解释、具体案例辅助说明、有关政策法规解读等思路，结合编者的科研团队中相关研究工作的积累，采用一问一答的形式讲述农村环保、生态经济、低碳生活等方面的内容。本丛书强调理论联系实际，可供广大农民朋友阅读使用，也适用于从事"三农"等相关行业的专业技术人员学习参考。

本套丛书由沈东升任主编，龙於洋和汪美贞任副主编；分别由汪美贞、龙於洋、胡立芳、丁涛、李春娟、谯华、赵芝清、姚俊、李文兵、王静、夏芳芳、陈应强、张弛、廖燕、邓友华、郭梦婷、宋二喜、白云、孔娇艳、冯小晏、黄宝成、冯欢、冯一舰、杨煜强、曾燕燕、郑昕、何虹蓁、胡敏杰等负责相应分册的编写工作。此外，陶萍萍、谢德援、苏瑶、孟欣奕、吴欣玮、全立平、洪微微、徐辰、陈玲桂、冯琪波、帅慧、方圆、贠晓玲、余秋瑾等，为本套丛书的编写付出了大量辛勤的劳动。

在本套丛书的编写中，引用了大量国内外科学工作者和“三农”管理人员的成果和资料，在编写出版过程中，得到了浙江工商大学出版社钟仲南副总编、郛官满老师的大力支持和帮助，在此谨向为这套丛书编写和出版提供材料和帮助的所有人士表示衷心的感谢。限于编者水平，书中难免存在差错及纰漏之处，热忱欢迎读者批评指正。

沈东升

2011 年 6 月于华家池畔

目　录

CONTENTS

基本概念篇

旅游资源篇

旅游管理篇

tax

技术规范篇

基本概念篇

1. 什么是生态农村?

答:生态农村是指在保证生态环境良性循环前提下,运用生态学、农学、系统学、经济学和社会学的知识原理,通过对农村自然—经济—社会复合系统结构优化设计并进行农村生态文明建设,最终实现农民增收、农业高效和农村发展的目标。具体来讲,生态农村主要研究农村自然—经济—社会复合系统。研究的问题包括社会经济问题和自然生态问题;研究对象包括社会资源和农业自然资源。生态农村是以大系统的视觉观点来看待生态问题,强调农业生产的环境无害性,包括农村治安问题混乱、农业劳动力就业不够充分、生态破坏和农业环境污染等情况。另一方面,生态农村不强调生产多样性,一个农户、一个村或一个乡镇等

完全单一化的农业生产，只要不产生资源浪费现象或农业环境污染也都符合生态农村要求。

2. 什么是生态旅游、农业生态旅游和乡村生态旅游？

答：生态旅游是以吸收自然生态知识和社会文化知识为取向，在旅游活动中尽量减少对生态环境的不利影响，最终确保旅游资源的可持续利用，将生态环境保护和公众教育与促进地方经济社会发展目标有机结合的旅游活动。

以农业生产为依托，使人文景观、农业生产与大自然以及现代旅游业相结合的一种新的产业，称为农业生态旅游。它有狭义和广义之分。狭义的仅指用来满足旅游者观光需求的农业。广义的农业生态旅游内涵较为广泛，主要包括“农村生态旅游”、“乡村旅游”、“休闲旅游”、“观光农业旅游”等不同概念。具体来讲，就是指在充分利用现有农村人文资源和农业自然资源的基础上，通过以生态旅游为主题进行的规划、设计与施工，把农业产品加工、农艺展示、农业建设、科学管理与旅游者的广泛参与融为一体，是能够让旅游者充分体验现代生态农业的新型旅游产业。

乡村生态旅游是以农业文化景观、农业生态环境、传统民族习俗为旅游资源，融观赏、考察、学习、参与、娱乐、购物、度假等为一体的旅游休闲活动。发展乡村旅游不仅能为城市居民提供新的休闲旅游产品，而且对促进农村产业结构调整，增加农民经济收入，充分利用农村剩余劳动力资

源，维护农村社会经济可持续发展，促进社会主义新农村建设，构筑和谐社会等方面都具有非常重要的意义。

3. 农村生态旅游产生的背景是什么？

答：从20世纪80年代开始，随着改革开放的深入、科学技术的进步和发展、生产力的不断扩大，我国城市化发展进程也在日益增速。随着城市人口的高度集中化，城市环境的巨大压力也在不断地呈现出来，直接影响就是城市环境质量在不断恶化。广大城市居民在享受高度城市化所带来的经济繁荣和生活便利的同时，也在忍受着城市水体污染、大气污染、生活垃圾污染和噪声污染等诸多恶劣环境污染的煎熬，为了缓解城市恶劣环境的困扰，呼吸新鲜空气，使身体、心理健康发展，大量城市居民希望在闲暇时间能够逃避拥挤喧嚣的恶劣城市环境，解除各种对自我身心健康危害的不利环境因子。他们希望能够返璞归真，回归自然；希望能够在市外良好的生态环境中度假休憩、修身养性、娱乐休闲和保健疗养；希望能够走进森林，进行“森林浴”，享受森林清新的空气和宁静的环境，实现享受大自然、疗养休闲和强身健体的目的。

生态旅游产业巨大的需求市场给农村生态旅游产业的发展带来了历史性的发展时机，随着近些年来的发展和壮大，农村生态旅游产业已渐成规模，正在成为一个新的产业集群。

4. 农村生态旅游的特点是什么？

答：农村生态旅游的特点，首先是建立在农村自身所拥有的具有地域特色的自然地理风貌和人与自然相融合的民俗人文景观基础之上的。作为生态旅游的范畴，农村生态旅游的特点也是建立在“旅游对象不应受到损害”的环保理念基础上的，其有别于传统旅游业的短视行为与粗放理念。

对于农村生态旅游行为的定位，可以从三个方面对其进行是否具备生态旅游特点的判断。首先，旅游的对象应该是原生态的、和谐的自然人文生态系统；其次，在旅游者参与自然人文体验的旅游活动过程中，自然的生态系统、天人合一的当地民俗文化等对象能否得到有益有效的保护；最后，旅游活动是否使当地人民成为了生态旅游的参与者，并是否为他们带来一定的经济收益，从而促进了当地经济社会的发展和生态环境的更有效保护。

5. 农村生态旅游的功能是什么？

答：

（1）旅游目的

农村生态旅游主要是通过自身的自然生态景观和人与自然和谐相处的人文意境吸引旅游者，满足旅游者体验自然，回归淳朴的身体和精神需求，达到旅游目的这一生态旅

游的最基本产业功能。

（2）环境保护

农村生态旅游在开发利用过程中坚持以环境保护为核心任务，在旅游产业各个层面的参与者的意识形态和行为行动过程中都能够得以体现，由此体现出了生态旅游的最大特征功能，也使其成为农村生态旅游可持续发展的最有效途径。

（3）经济扶持

在进行农村生态旅游开发和发展过程中，生态旅游能够使有着丰富生态旅游资源和浓郁人文文化但经济落后地区的农村居民得到实惠，能够促使该地区的经济社会发展，这也正体现了生态旅游的经济扶持功能。

（4）理念提升

农村生态旅游的开发和发展不仅使旅游者得到了更深层次的环境教育和体验，也使旅游开发者、决策者、管理者等都有了环境保护意识理念的提升。

6. 生态旅游的性质及特点是什么？

答：生态旅游是一种在新的思想观念指导下的旅游开发和旅游活动的过程。保护性旅游开发管理思想的介入，使得旅游开发者能够认识到人与自然协调发展的重要性，在开发过程中重点开发人与自然协调统一的旅游产品；旅游者在体验大自然和民俗文化生活的活动中能够更加自觉地保护自然生态、人文生态；旅游管理者能够以远见的思想

认识并重视可持续发展战略，在看到眼前经济利益的同时又能看到长远的经济、社会及生态效益的协调统一关系，能够主动采用一系列保护旅游对象的政策措施。

相比传统的旅游行为，生态旅游的旅游者在旅游动机和旅游追求上都彰显高品位的特性。传统大众旅游者追求的是愉悦感官的自然美，而生态旅游者追求的则是自然和价值基础上的生态美。生态旅游的高层次在管理上也有所体现，传统旅游重视开发而轻视管理，表现出管理投资不足、管理质量不高、不注重旅游资源和环境的保护，并由此导致旅游特色及质量退化，甚至丧失吸引力。生态旅游则把重点放在保护管理和服务管理水平的提升上，使得旅游能够得到良性的可持续发展。

生态旅游的开发不仅重视美学特征发掘，更重视产品的科技和哲学含量，让产品向游客展示自然深层次的奥秘、人与自然的和谐之美，启发人思考自身与自然深层次的关系，发挥生态旅游唤醒民众环境意识的环境教育功能。

7. 生态旅游的旅游对象和生态旅游者的范畴是什么?

答:生态旅游的概念最先是由西方学者提出的，在生态旅游最初的概念中，旅游对象明确为“自然景物”。结合我国文化历史以及自然与文化的关系，不少自然名胜景区，如中华五岳、四大佛教名山、四大道教名山等都注入了中华文化的内涵，自然和文化相互交织在一起，而中国古代效法

大自然修建的园林、建筑如圆明园、苏州园林，古代建筑融自然与文化于一体。由此，具有中国特色的生态旅游对象不限于生态自然景观，还包括人文文化景观，那些人与自然和谐统一的文化范畴也是生态旅游的对象，也就是说，只有具有生态美的人文景观才属于此类范畴，如传统的田园风光、植物园、动物园、古代园林、名山胜水，等等。

生态旅游概念的提出，对生态旅游者在旅游活动的不同方面也提出了一些具体要求。和传统大众旅游者相比，作为一名合格的生态旅游者，需要具备精神需求、环保及较高的文化素质。他们受绿色环保思想影响较深，有一定回归大自然的愿望和较强的环保意识。此外，他们往往具有较高的知识层次和文化素养，力图通过旅游从大自然中探索人类的前途和寻求人生的价值，是一批具有较强环保意识的旅游者。在消费层次上，生态旅游消费高于传统旅游消费，也就是说，生态旅游者在享受旅游目的地生态旅游资源的同时，应支付其环境保护应承担的费用。在此理念的基础上，生态旅游者具有非大众的特点。但是随着生态旅游业的蓬勃发展，旅游市场的不断完善，高中低档次生态旅游市场的日渐形成，必将最终形成大众化的生态旅游形态。

8. 生态旅游活动的特点是什么？

答：生态旅游活动是建立在传统大众旅游基础之上的，普及性是生态旅游的一个特点，游客不受经济和社会地位的限制，可以是各个阶层的人士。随着社会经济的发展，

大众生态环境意识的日益提高，到大自然中呼吸新鲜空气，体验人与自然的亲密接触，从而达到修身养性目的的生态旅游将成为人们如吃、穿、住一样的基本生活需求，旅游者队伍也必将逐步扩大。由于传统旅游活动的破坏性、无持续性发展的特点，促使人们日渐认识到保护性旅游的重要性，由此也成了生态旅游概念和实践活动的重要特点。保护性的旅游概念在生态旅游活动中的落实，必将使得遵循自然生态规律和人与自然的协调统一可持续发展思想能够最终实现，能够提升旅游参与者的环保意识并使其珍视自然赋予人类的物质和精神价值，能够使保护旅游资源及环境成为一种自觉行为。

生态旅游的发展在满足人们回归自然、升华精神的需求下，其旅游活动的形式也比传统旅游更多。生态旅游的高起点需要生态旅游活动的内容具有专业性的特点，由传统大众旅游演化而来的生态旅游，无论是从旅游开发管理还是产品供应上均应体现出专业性来，唯有如此，开发的产品才能促使旅游活动融入大自然，才能使旅游者享受大自然，感悟大自然，学习大自然，从而自觉地保护大自然。如果缺少产品的专业，管理的专业、服务的专业，生态旅游目的和经济、社会、生态三者的协调发展将是一句空话。

9. 在历史演变过程中人类与大自然之间的关系是怎么变化的？

答：人类及其他生物都是自然界在漫长的历史过程中

演化出来的产物。人类和自然之间的关系经历了适应阶段、顺应阶段和改造阶段三个层次。

原始人类依赖于自然,其演化的历史就是适应自然环境变化的历史,其创造力的出现也是适应自然环境变化的结果。早期人类以树栖居是因为当时环境温和多雨、林木繁茂;随着全球气候的变化,森林逐步收缩,草原逐步扩大,为适应自然环境的变化,出现了半地栖古猿;到了第四纪全球温度降低,冰川普遍发育,森林大面积消失,出现了大面积草原,古猿进一步演化为栖地真人;随着进一步的生存演化,栖地真人能够直立行走,并有了社群活动、协作通讯,适应了在更广的地理空间生活并发明了火、工具,最终进化成智人。人类在早期的适应自然变化过程中,也使自己得以进化。

随着人类能够发明并使用工具,人口的数量也在增长,由于食物与人口的矛盾,人类面临有史以来的第一次生存危机。面对危机,在人类和自然的相处过程中,生物的再生性、动物的驯化、植物的栽培使人类化解了危机并能定居下来,由此也出现了早期的原始农业。人类和自然的关系由此转变为人类不仅限于索取、单纯的依附自然,而且能够发挥其主动性,模仿自然规律,增加生产生活资料,并能够提高稳定的食物供给。这种顺应自然的行为已经完全改变了人类单纯依附和适应自然的人与环境的关系。

随着农业的发展、工业革命的出现,使人类改造自然、利用自然的能力大大增强,人类修建高楼大厦、上马大型工程,改造地球物种,进入太空领域,等等。在自然面前,人类

的胜利使其在人与自然的关系上，从顺应变为对立的改造。“人定胜天”成了人类显示自己主人地位的改造自然的口号。然而事与愿违，经济的发展以牺牲良好的自然环境和资源无节制消耗为代价，最终造成了世界性的资源枯竭、环境污染、环境质量严重退化等自然灾难，人类又一次面临着生存的危机，也使人类不得不面对和重新思考人与自然的关系和定位。

10. 人类对自然价值新思考的内容是什么？

答：人类工业文明的发展破坏着生态的平衡，人类的掠夺开发也正在摧毁着赖以生存的环境。当再次面临生存危机的时候，反思人类和自然的深层次的关系，人类不仅要站在自己的角度认识自然对人类的价值，同时也应站在自然的角度认识自然自身的价值。

在对自然价值的认识过程中，人们能够认识到自然界是一个从低级到高级，由简单到复杂的生物生存系统，是一个有着能量和物质交换的有机系统，是一个适宜生命生存的具有创造力的自然形态的环境。在自然和生命的发展过程中，生命与环境协同进化，不断建造和优化自身生存和发展条件，具有自我调节、保持平衡稳定、抵抗外界干扰、维持自身的存在和发展的自我维持能力价值。

自然对人类的价值主要体现在以下四个方面：①人类是大自然创造的而不是上帝创造的；②人类作为一种生物，必须依赖自然提供的各种条件，这是自然界对人类生存价

值的体现；③大自然本身是一个伟大的自然财富创造者，这些财富是支撑人类经济的基础；④自然对人类的精神价值表现在知识、美学和道德三个方面。人类的一切知识都是源于自然，是对自然认识的结晶。生物和谐的美是生命和环境长期协同进化过程中创造的，道德问题同样也包含在人与自然的关系中。从生物圈的角度来说，其他物种有与人类同等的生存权利，因为人类仅是生物圈中的一员。

大自然赋予人类智慧不是让人类来奴役自然、破坏自然，从道德上来说人类智能应体现在掌握自然规律的基础上，与自然共同创造和谐生物圈，使大自然更加完美。

11. 人与自然关系的学说有哪些？

答：人与自然发展关系学说非常多，主要有以下几种。

(1) 人类中心学说

人类中心学说认为自然是为人类而存在，是受人类摆布的，而人则是大自然的主宰，人类可以征服和改造自然。这一论点主要起源于工业文明，它否定自然的自身价值和对人类发展的价值。

(2) 协调论

由于人类践踏自然规律所引起的自然环境灾难和危机，使人类重新思考到底是人类主宰自然还是自然在主宰着人类。人与自然的协调论就是产生于人类对生存危机重新思考的基础之上的。此论述认为，人是大自然组成的一组分，人与自然是平等的，人类的创造是在自然基础之上

的。人类应该放弃人类中心主义，作为大自然的伙伴，人类应该充分尊重自然。对环境的污染、对森林的滥伐，是侵犯自然的权利，是不道德的。

在当今科技高度发展的情况下，需要建立人与自然的共生关系，主要内容为技术圈和生物圈的共生，人与自然共同创造和谐的生态环境，自然生态系统与社会经济系统相互协调。

（3）生态人文论

生态人文论认为人类所面临的生存危机是因为人类没有遵循生态规律，故而解决危机的办法是用生态学的理论来指导社会经济的发展，从而建立工业文明基础之上的人类生态文明。

12. 什么是生态美？

答：生态美是建立在生态人文观念基础之上的一种崭新的具有生态哲学意义的美学概念，是生态文明社会中人类的一种共同美学追求，具有与自然美本质上差异的美学特质，是在自然美的基础上，在人类对自然价值重新认识的基础上产生的美学观点。在生态旅游活动中，无论旅游者、旅游开发者还是旅游管理者均与生态美息息相关。

生态美包括两大类，自然生态美和人文生态美。自然美中众多的生命与其环境所表现出来的协同关系、和谐形式称为自然生态美，它是自然界长期演化创造的产物。人类遵循自然规律和美的创造原则，与自然共同创造的人与

自然和谐协调的人文生态美，使自然生态美在人的创造后更加完善。总的说来，生态美是充沛的生命与其生存环境和谐所展现出来的美的形式。自然美与生态美的差异在于，自然美是居于对自然外部形态、色彩、声音等感观基础上的心灵愉悦，而生态美则是基于对生命价值、自然价值的认识基础上的感官和心灵上的愉悦。

整个自然生态系统遵循着物质循环、能量流动的规律，使得地球生命之树常青，充满蓬勃旺盛、永恒不息的盎然生机。生态美的和谐表现在生命与生命之间，生命与环境之间相互支持、互惠共生所展现出来的美学特征。

生态美是生命和环境共同创造出来的，人文生态美是人和自然共同创造的。面对地球环境的创伤，人类应积极寻求人与自然的创造合力，恢复、重建和繁荣地球的生态美。

13. 生态美理论对生态旅游有什么指导价值?

答:生态美理论具有指导生态旅游行为的灵魂价值意义。生态旅游者所感悟欣赏的不仅仅是对大自然的鬼斧神工和人类创造的感官赞美，更重要的是在其基础上对环境和生命、人与自然和谐相处的深刻思考和精神升华。在旅游活动中，旅游者从自然生态规律展现出的大自然的奥秘和人与自然的和谐美中净化心灵，丰满精神品格，确立健康的生存价值观，对自己享受的生态美旅游景观自觉地进行保护。

在生态美理论精神的指导下,生态旅游开发者在自然生态规律和生态美的法则指导下,效法自然,发挥人对自然的化育作用,将自然创造力与人的创造力形成合力,共同创造出人文生态美,使自然生态得到修正和补充,而不是将自认为美的东西强加于自然,最终结果往往导致破坏自然的和谐美。

和传统旅游相比具有可持续发展特性的生态旅游的建设和发展离不开高品质的旅游管理。以生态美为核心的生态旅游必然也要求旅游管理者在注重经济效益的同时,更重要的是要做好生态美的保护管理,重视其可持续发展。因管理和开发不善而导致的著名景区的衰败不乏其例,因此,旅游管理者在保护生态美的过程中,应注意环境的承载力,把游客控制在合理的范围之内,同时也要重视培养游客的环保意识,加强旅游垃圾的管理,重视加大对生态旅游导游的培养。

14. 什么是可持续发展?

答:可持续性发展战略是人类在工业实践中对自然环境造成巨大破坏后再次面临生存危机时,对人和自然协调发展产生的深刻反思,也是对未来生存和发展的正确选择。

可持续发展包含两个具体概念,即可持续和发展。可持续的概念源自自然界生物的循环发展。可持续指的是不会因为当代人的消耗而影响后人的生活和生产,自然资源能够永远为人类所利用。发展则有不同的含义,仅指经济

的发展是为狭义的发展，即产值、利润的增长和物质财富的增加。其外延为“发展＝经济增长＋社会变革”。在这一发展观指导下，人类为了追求更大的经济效益，走的是一条以牺牲环境为代价来换取经济发展的道路，导致人类面临生存危机。实际上，人类发展是受限制的，除了受制于经济社会，还受制于地球的承载力。人类的活动只有在地球资源和环境允许的范围内才不会对其产生不利影响和破坏，进一步的发展才有基础，这就是可持续发展，即“可持续发展＝经济增长＋社会变革＋自然生态环境保护”。

可持续发展观点主要包含三个方面的内容，即可持续性观点，共同性观点，公平性观点。可持续性观点是指人类发展的横向平衡性和纵向永续性。共同性观点指当代人和后代人有着共同的利益基础和权利，人类作为生物圈中的一员也和其他生物有着共同的利益，生物圈的破坏，也意味着人类生存基础的破坏。公平性观点是指当代人和后代人的利益公平。

15. 什么是可持续发展战略？

答：可持续发展战略是将可持续发展观念转变成为可操作的发展战略，它是一个复合型的概念，包括生态可持续发展、经济可持续发展和社会可持续发展三者有机的统一。

为了开发利用资源和环境，人类要遵循生态学规律，将利用和开发程度限制在自然生态环境承受范围之内，维护生态系统的正常能量流动和物质循环，即生态的可持续发

展战略。为此，必须重视研究资源和环境的承载力，在此基础上建立相关标准，防止环境污染和破坏。通过保护性开发，为人类可持续利用自然资源和环境提供基础条件。

经济的可持续发展战略必须建立在生态的可持续发展基础之上。在横向上看，应在生态环境承载力范围内保持和加快经济发展。在纵向上看，若不限制在资源和环境的承载力范围内，当代经济的发展就是以环境的破坏做代价，后代人也将丧失发展的环境资源基础。

社会可持续发展战略是指国内和国际的社会稳定发展。在一个国家内部，在国际社会之间，只有充分发挥民众的参与和国家的参与，才能谋求国家和全人类的共同稳定发展。

生态、经济、社会相互依存和互为条件，只有其可持续发展的协调统一才是人类可持续发展的根本保证。

16. 可持续发展理论对生态旅游发展的价值是什么？

答：可持续发展理论对生态旅游的价值在于其对生态旅游发展具有指导意义。生态旅游在可持续发展理论的指导下，对经济、社会和环境的横向效益关系以及近期和远期效益间的纵向关系都非常重视，且把长远的可持续旅游作为自己的发展目标，通过操作性强的生态旅游管理手段，保证旅游可持续发展能够落到实处。

生态旅游的旅游者在旅游行为中应有可持续发展的观

念,在有限的资源环境的基础上摒弃那种只顾自己的自私行为,不能只顾满足自己的旅游需求而影响别人的旅游需求,破坏生态环境和人文环境。生态旅游者应该增强生态美的保护意识,自觉地保护旅游对象,在旅游活动中,尽一切可能将对生态旅游环境的不利影响降至最低。

为了保护生态旅游的可持续发展,生态旅游从业人员应以可持续发展作为工作准则。旅游开发者在开发旅游对象时,应特别注意地方民俗特色的保护和自然环境的保护,杜绝开发性保护,为生态旅游的可持续开发保护其物质基础。开发决策者不应仅着眼于眼前利益,而应有一个长远的可持续发展的认识态度。旅游管理者和服务者应采用节约型和保护管理模式,以保护旅游发展的后劲。

17. 什么是生态旅游系统?

答:根据系统论的观点,生态旅游也是一个系统,生态旅游系统包括主体、客体、媒体和载体四个方面的内容。主体即旅游者,是到旅游目的地进行旅游活动的人群,是旅游活动的主要因素,是旅游活动得以实现的主体因素。客体是吸引旅游者进行旅游活动的客观存在物,即旅游资源或旅游吸引物。媒体是指联系旅游主体和旅游客体之间的媒介物及旅游业,包括旅游线路、交通、宾馆等各个环节。载体指的是生态旅游环境。

18. 什么是生态旅游者？

答：生态旅游者可分为广义生态旅游者和狭义生态旅游者。

广义的生态旅游者，指的是到生态旅游区的所有游客。这类界定的代表论述有："生态旅游者的范围既包括有特殊兴趣的专家组，又包括对自然区域与不同文化感兴趣的普通人"；"生态旅游者是指那些作为娱乐者或旅游者来参观自然保护区的人"等。此类界定将生态旅游和自然旅游等同起来，忽视生态旅游的兴起与发展是人们环境意识增强的结果，没有体现"生态"二字的含义。

狭义的生态旅游者指的是对生态旅游区的环境保护和经济发展负有责任的那一部分旅游者。这类观点的代表性论述是："生态旅游者对旅游环境的质量要求高，同时也非常自觉地、有意识地保护旅游环境。他们同时也协助旅游部门和管理机构进行资源保护。"真正意义上的生态旅游者是指有益于自然环境健康发展的旅游者。

19. 生态旅游者的权益和责任是什么？

答：生态旅游者在购买生态旅游产品和接受旅游服务时应享有一定的权益，作为生态旅游的活动主体和消费者，旅游者的权益应得到尊重和保护。在旅游活动期间，旅游组织者和旅游接待者应该为旅游者提供客观、完整、准确的

旅游信息，在购买旅游产品时，旅游者有自主选择的权利。人身权和财产权是人的最基本权利，并受法律保护，生态旅游经营者的活动不能侵犯生态旅游者的基本权利，同时，生态旅游经营者所提供的生态旅游产品必须符合保障人身、财产安全的要求。如果旅游者在旅游过程中因旅游产品、管理、服务遭受人身财产损失，则有权要求责任单位或个人进行赔偿。在旅游活动中，生态旅游者有权获得质价相符的商品与服务。旅游者购买的商品和服务要求有质量保障，同时也要求价格合理、公平。

生态旅游者在享受权益的同时，作为生态旅游的主体也应承担生态旅游活动所要求的责任和义务。按照国际生态旅游协会的定义，生态旅游是负有保护环境与促进当地经济发展等双重责任的自然旅行，生态旅游者的所作所为直接影响生态旅游目标的实现。

在生态旅游过程中，生态旅游者应以一种平等的生命态度尊重所有生物生命，尊重生态规律，尊重生物生命的生存环境不受破坏。生态旅游的目的地是由多样、多层次的生态系统所组成的，生态旅游者作为其中一分子，应维护生态系统的稳定性、完整性、完美性、发展性和协调性。

生态系统具有能量的单向流动机制、封闭的物质循环机制、多层次的自我调节功能。在生态旅游过程中，生态旅游者应该尊重目的地的生态过程，不能破坏其自身环境的运动平衡状态，杜绝人为干扰。

旅游者应尊重旅游目的地的民俗文化，保护当地的人文生态美。为维护当地文化的自然性，生态旅游者应以学

习了解当地的文化、风俗习惯、民族风情为目的，不应将自己的文化价值观强加于人，应该入境问禁、入乡随俗，尊重当地风俗习惯，体验其文化，以求充实自我。

20. 生态旅游者是如何分类的？

答：由于地域、文化和个性差异，不同生态旅游者的生态活动规律也不一样，对于生态旅游者进行分类，有利于更好地开发生态旅游市场，促进生态旅游业的健康发展。目前，比较常见的分类标准有国境国界、组织形式、目的方式等。

以国境国界为标准进行分类，可将生态旅游者分为国际生态旅游者和国内生态旅游者。国际生态旅游者是指暂时离开自己定居国或长居国，入境到其他国家进行生态旅游的游客。国际生态旅游者又可细分为跨国生态旅游者及洲际生态旅游者。国内生态旅游者是指暂时离开自己定居地或长居地前往本国境内其他地区去进行生态旅游的游客。国内生态旅游者可细分为地方性生态旅游者、区域性生态旅游者和全国性生态旅游者。

以组织形式为标准进行分类，可将生态旅游者分为团体生态旅游者和散客生态旅游者两类。团体生态旅游者是指通过旅行社或其他旅游组织实现计划、统一组织、精心编排生态旅游项目，提供相关服务工作并一次性收取旅游费用的生态旅游团体，其人数一般不少于 15 人。散客生态旅游者又称为个体生态旅游者或自助生态旅游者，是相对团

体生态旅游者而言的，其特点是时间灵活，自主独立。

以目的方式为标准进行分类，可分为观光型、参与型、专门型、综合型等四种。观光型生态旅游者是指以游览欣赏自然生态系统为主要目的的生态旅游者。参与型生态旅游者是指积极参与旅游有关活动的生态旅游者。专门型生态旅游者是指为某一特殊的动机外出旅游的生态旅游者。综合型生态旅游者是指观光、参与或专门等旅游目的或方式两种以上的有机组合。

21. 影响生态旅游者形成的因素有哪些？

答：生态旅游者的形成有其外在的社会原因、经济原因、环境原因及个人客观的身体状态原因等。

丰裕的物质条件和良好的经济基础是产生生态旅游活动的基础条件，只有当人们有了可自由支配的收入，才可能投入到生态旅游的消费中来。

根据分析，人类生活的时间可分为约束时间和休闲时间，只有个人有了可以自由支配的休闲时间，人才可以进行生态旅游活动。随着社会经济与科技的发展，人类的劳动时间不断缩短，休闲时间的拥有量空前增加，这为生态旅游活动提供了更为充裕的时间和条件，使生态旅游成为人们回归自然、愉悦身心、丰富阅历、焕发精神的一项经常性活动，同时又增强了人们热爱自然、珍惜民族文化、保护生态环境的意识。

社会经济环境对生态旅游者的形成有着直接或间接的

影响。一个国家的社会状态、国际政治地位、治安水平以及人们的道德水平、国家的旅游政策、经济文化发展程度等对旅游者的形成及产生有着举足轻重的作用。

对个人来讲，身体能力和身体状况直接决定他是否能够成为一名生态旅游者。人们经济能力增强、休闲时间增多、社会环境改善、身体状况良好，只表明他们具备了生态旅游的客观条件，但要参加生态旅游活动，还需要有强烈的主观旅游愿望。

人是社会的动物，人的动机受家庭、社会地位及阶层的影响。生态旅游者的旅游动机受社会文化因素和社会群体因素的影响。生态文化的传播也影响着旅游者的出游动机，不同的民族习俗、不同的宗教文化和价值观念都在影响着旅游动机的产生。

22. 培养生态旅游者的意义、内容和途径是什么？

答：具备了生态旅游者的主客观条件不能说明就是一个合格的生态旅游者了。生态环境保护作为生态旅游的核心命题，必然需要旅游者具有良好的环境保护意识，但是这种思想和意识不是与生俱来的，它需要教育、引导和培养。

通过教育培养，使生态旅游的环保理念在游客中得到普及，从而使生态旅游者成为向往大自然、自觉保护大自然的旅游者，其意义主要在于有助于生态旅游目标的实现，使得生态旅游者能够自觉地减少对山川湖泊、名胜古迹、动植

物资源、人文资源的破坏、污染和损害，使保护目的地的行动成为自觉的行动，能够促进生态旅游业的可持续发展目标的实现。

通过对生态旅游者的培养，能够激发他们对大自然中的环境、生态、生物等知识的兴趣，兴趣的产生会促使爱护与维护大自然的意识更加浓烈，游客将多次参加旅游活动，从总体上看，生态旅游的客源也会不断扩大。

在全球环境日益恶化的今天，环境教育成为了一个全球性的社会课题。在生态旅游业不断发展壮大的今天，通过对生态旅游者的教育培训，不仅能使生态旅游者对生态旅游目的地进行保护，更能提高全民的环保意识，使可持续发展的观念能够得以广泛传播并进行思想转型，从而引导其行为。

生态旅游者培养的内容主要有两个方面：自然知识和环境意识。自然知识是环境意识的基础，通过理解自然达到欣赏自然，通过欣赏自然达到保护自然。通过对自然界的起源、发展、构成、规律、特点及价值的深刻认识来理解自然的神奇博大，变幻无穷；领悟大自然所蕴含的智慧和力量来激发和提升精神的升华。环境意识的培养一是对人们生态认识水平即环保价值观念的培养；二是对人们参与保护生态环境行为的自觉程度培养。环境保护观念的树立是环境保护行为的前提。

生态旅游者的培养是一个系统的综合过程，需要社会和个人的共同努力，有效的途径主要是游客平时的自我学习、社会教育和生态旅游区的现场教育。生态旅游区的现

场教育主要是通过建立环境解疑系统，利用环境解疑的各种方式进行生动活泼的教育培养。

通过对当地自然资源生态环境和社会文化以及调查生态旅游者对生态旅游区的需求、期望和行为的基础上，确定解疑目标、对象、内容、策略，通过向导式解疑系统和自导式解疑系统来达到保护保护区的目的，从而防止对环境的危害和对文化遗产的破坏，也有利于旅游者环保意识的提高。

23. 生态旅游者的审美境界如何分类？

答：结合生态美的特点，根据生态美感的本质和规律，通过分析审美境界，将生态旅游的境界分为悦耳悦目的形象美型、悦心悦意的意蕴真型及悦志悦神的理念善型三个层次。

面对山光水色、草茂木盛、巍峨山岳、广袤草原、鸟鸣虫啾、山民野歌等生态之美，旅游者首先会得到以耳目为主的美感体验，在生理舒适与情感愉快的交融中进入悦耳悦目的形象美境界，获得初级的审美境界。

在体验耳目美感的基础上，更进层次是要去领悟审美客体的风格和意蕴，获得审美享受和情感的升华，达到以美求真的喜悦状态，收获悦心悦意的意蕴。在认识生态规律机制的基础上，对自然万物的关系也有了较为深刻的理解。

悦志悦神的审美层次是生态旅游者在体验、欣赏、参与、感知自然生态美和人文生态美时，经由感知、想象、情感升华、理解感悟等心理的交互作用，进而唤起精神意志的亢

奋愉悦状态和产生伦理道德上的生态价值观念。它体现了大彻大悟、由美导善、超越自我，构建了尊重生命、尊重自然、爱护自然的生态伦理。这种境界有助于增进生态保护意识。

生态旅游者的审美行为是一项综合性的实践活动，在认识自然、启迪思维、净化心灵、升华人格、保护环境等方面具有重要的实践意义。

24. 什么是生态旅游流？

答：生态旅游流就是以生态旅游客流为主体，涵盖生态旅游信息流、生态旅游物流、生态旅游能流和生态旅游价值流的一个复杂的系统。生态旅游客流是指生态旅游者从常住地到生态旅游区并返回常住地的流动群体。双向客流的观点为开展旅游目的地与客源地之间的全面合作提供了理论依据。生态旅游信息流是指与生态旅游活动相关的并通过生态旅游活动所发生的信息交流与传递，其对生态旅游业的发展有着一定的影响。生态旅游物流是指由于生态旅游活动的开展，在旅游客源地和生态旅游区之间产生的物质流动。生态旅游能流是指伴随生态旅游活动产生的能量流动。生态旅游价值流指的是生态旅游区所蕴含的价值通过生态旅游活动增值、转移和实现的过程，研究它的作用在于及时根据生态旅游者的反应调整发展策略，保证生态旅游业的可持续发展。

通过分析、研究生态旅游流这个体系，能够在整体上把

握问题的核心所在，使各项活动更能符合生态旅游自身的规律，能够促进生态旅游业的健康持续发展。通过对能量流、物质流可双向性流动的研究有利于提高经济效益；通过对物质流动双重使用的研究和落实、对旅游价值流的研究有利于生态环境的保护；通过对旅游流的研究更能合理、科学、可持续的发展生态旅游，有利于生态旅游产业的现代化。

旅游资源篇

25. 什么是生态旅游资源?

答:生态旅游资源是指以生态美吸引游客前来进行生态旅游活动,为生态旅游业所利用,在生态保护的前提下,能够产生可持续的生态旅游综合效益的客体。生态旅游资源应具备对生态旅游主体有吸引力的基本条件,只有具有生态美的生态系统才能吸引并满足人们回归大自然的精神需求。生态旅游资源作为一种资源,必须具备生态旅游业开发利用后能够产生经济、社会、生态三大效益的基本条件。生态旅游发展的可持续性决定了生态旅游资源和环境有着保护的需要,这也是生态旅游资源区别于传统大众旅游资源的关键点。

26. 生态旅游资源的特征有哪些?

答:通过对生态旅游资源在自然、经济、社会和生态方面属性的分析,能够总结出生态旅游资源所包含的特征主要有以下四方面的内容。

(1) 生态特征

资源的原生性是大自然经过几十亿年的演化,生命与环境相互磨合而成的,它除了给人以感官上的赏心悦目,更以它丰富的美学、科学及文化内涵吸引广大游客。生态旅游资源的综合性和系统性是指它是由地貌地形、气候水文、动植物、居民等生态因子所组成,系统资源各组分之间存在着相互联系、相互依存、相互限制的关系,正是这种关系使其构成了一个有机的系统。生态旅游资源的脆弱性和保护性表现出资源的承载容量的有限和保护的重要性。

(2) 自然特征

生态旅游资源分布广泛,这也表征了其广泛性,作为旅游资源的差异性和唯一性,也有地域特征的特点。生态旅游资源会随着季节和时间的变化而变化,春夏秋冬各有不同,日出日落各有意味。

(3) 社会特征

生态旅游资源具有精神价值的无限性。其渗透于旅游资源内,给人们无限的想象空间,它的价值主要包括美学价值、科学价值、文化价值及环境教育价值。

(4) 经济特征

由于任何生态旅游资源都是在特定的自然地域及社会经济条件下形成的，因此也决定了它在空间上不可能完全原样移位的特征。生态旅游资源可根据生态规律发展需要进行更新，使其具有更强的吸引力，这也说明它具有可更新的特征。由于旅游者对生态资源的类型、品味及空间距离的需求的多样性，也决定了生态资源开发时的多样性特征。生态旅游资源的地域性和不可移植性决定了旅游资源经营的垄断性特征。

27. 生态旅游资源是怎么形成的？

答：生态资源是自然界不断演化和人与自然相互发展共同响应下形成的。大自然经过宇宙的诞生、天体的演化最终形成地球的产生，地球经过几十亿年的演变演化才出现了生命，生命经过几十亿年从低级到高级的发展，才最终出现了人类，人类又经过几千万年的进化才发展到现在的智人阶段。地球在发展演变的过程中，也形成了现在山川河流、草原荒漠、冰川海洋等自然生态和飞禽走兽、花草林木等生物生命有机统一的自然旅游资源。

在人类发展的历史过程中，人类顺应自然规律，尊重天时地利，形成了历史悠久的农耕文明，也营造出了农业生态系统和各种园林绿地，创出了丰富多彩的人文自然生态系统。

28. 生态旅游资源的类型有哪些?

答:生态旅游资源主要有法律保护生态旅游资源、自然保护生态旅游资源、陆地生态旅游资源、农业生态旅游资源、园林生态旅游资源、水体生态旅游资源、文化保护生态旅游资源、科普生态旅游资源等。

陆地生态旅游资源主要有分布和外貌差异巨大的森林旅游资源、地域和民族风情各异的草原旅游资源和地理状态不一的荒漠旅游资源。

水体生态旅游资源主要有优美舒适的海滨、山清水秀的湖泊、使人身心俱宜的温泉、壮美多姿的河流。

农业生态旅游资源主要有富有韵律的田园风光,风吹草低、万马奔腾的牧场,休闲垂钓的渔区,鸡犬相闻、山水相悦、热情好客的农家。

生态园林旅游资源有风格迥异的中国园林和西方园林。

科普生态旅游资源有研究和普及植物科学知识的植物园,有多种野生动物集于一园的野生动物园,有汇集世界园艺精品的世界园艺博览园等。

自然保护生态旅游资源是指在自身极端的环境条件下人类难以涉足的北极、南极及高海拔山岳冰川区域。

我国古代文化对山的崇拜,形成了中华五岳与道教、佛教的名山胜水。由于对山的崇拜,也自然地保护了其自然风貌,人文景观和自然景观融为一体,形成了中国特色的生

态旅游资源。

在保护生态旅游资源中，最具有旅游价值的是法律保护生态旅游资源，主要有世界自然遗产、自然保护区、森林公园、风景名胜区等。这些资源已成为生态旅游者的主要旅游对象。

29. 在生态旅游资源开发中如何注意承载力控制？

答：任何事物都有其自身存在的客观规律性、条件制约性和相互关联性。在生态旅游资源开发和利用的过程中，应遵循生态资源自身的规律，在承载力的开发上应遵循生态容量这一基本规律。生态旅游资源及环境开发和利用都有一个承载力的范围，超出这一范围，旅游资源及环境就会受到破坏和损害。为了实现生态旅游资源开发的保护性目的，旅游规划部门在开发早期应该根据旅游地的地理特征、生态人文特点和可进入性等条件，科学测算合适的游客数量，根据承载力的客观性、区域性、时间性、动态性、可调控性、有限性、影响因子的多样性以及复杂性的特点，在旅游过程中把生态旅游承载力控制通过管理落到实处，旅游管理部门应用经济手段、必要时用行政和法律手段调节游客流量，把游客进入数和活动强度控制在资源及环境的可承载力范围内。可以运用一些技术手段控制游客量，如对游客进行活动区域控制、定期休园或局部封闭、预约进入等。

通常有三种方法来计算旅游景区的游客容量:线路容量法(在拥有狭长而必经之路的旅游区,现有游览线可以承受的游客数量应按照游客人均应占有的游览线长度来计算)、面积容量法(旅游区现有游览面积可以承受的游客数量按照游客人均必须拥有的游览面积来计算)、卡口容量法(在必经之路上有瓶颈卡口的旅游区,现有卡口地可以承受的游客数量应按游客人均通过该瓶颈所需的时间或所占用的面积来计算)。

30. 什么是生态旅游资源保护开发的原汁原味原则?

答:用以进行生态旅游开发的生态旅游资源是经过自然生态的演化和变迁形成的天然瑰宝,是人类文明和自然和谐发展、交汇交融的产物,其具有生命性的特质和历史的传承性特点。在生态旅游资源开发的过程中,应竭尽所能保护好旅游资源的原生性和真实性,在保护好大自然原生韵味和形态的同时,也要保护好当地特有的传统文化和民俗民风,尽量避免因不良开发而造成环境的破坏和损坏,避免因开发和游客的原因使当地的传统文化发生变异,造成文化旅游资源的损害。在开发生态旅游时,尽量避免把城市的水泥建筑移植到秀山美水之中,旅游设施的形态和方式应当保持与当地自然和文化氛围的协调,保证旅游资源地的自然生态和人文生态不受损害,最终才能把真品和精品原汁原味地呈现给游客。

31. 什么是生态旅游资源保护开发的居民参与原则?

答:在生态旅游自然资源和文化资源的开发利用过程中,无法避开、也不能避开当地居民的参与,新农村建设和农村生态旅游发展旨在通过生态旅游开发,在保护好当地生态环境的同时,发展当地的经济文化。当地居民参与到生态旅游服务之中,在保护环境、发展经济的同时,也可以通过地方特有的文化气氛提高资源的吸引力,更重要的是让当地居民真正从旅游中收益,在居民获取经济利益后,更能调动其自觉保护旅游资源的意识和动力,有助于生态旅游的可持续发展。

32. 什么是生态旅游资源开发的环境教育原则?

答:在全球环境随着工业发展已伤痕累累的今天,人与环境的协调发展已成为人类发展的共识。行为决定意识,在生态旅游资源的开发过程中,如何保护好当地的生态旅游资源,这需要在旅游开发前期就做充分的思考,旅游环保教育手段和方法的实施,使旅游者在旅游活动体验中能够自觉地保护好环境,使环保意识、环保理念和环保道德得到更进一步的提升。

相比传统大众旅游,生态旅游须具备对游客的环保教

育功能，在项目开发规划时，需认真考虑在旅游区中设计一些能启迪游客环境意识的旅游项目和设施。例如，在旅游区内设立关于生态环境景观的相应解说、提醒游客注意环境卫生的指示牌、具有环境教育功能的基础设施、建立与环境协调的废物收集系统等。此外，还可利用多媒体，使游客接受多渠道的环境保护教育，包括在导游图、门票、导游册上添加生态环境保护的知识和注意事项。

生态旅游要求生态旅游者事先要学习目的地的有关知识，尊重目的地的文化，积极参与环保行动，避免对目的地的环境造成负面影响，生态旅游者可通过旅游提高道德修养。日本旅游景点的一些环保教育经验值得我们学习，例如日本的某些景区推出公益旅游，以拾景区的垃圾抵扣门票费用。通过这种宣传和做法可使人们自觉保护环境的意识得到有效的增强。

33. 什么是生态旅游资源依法开发的原则？

答：近些年随着生态旅游业的迅猛发展，生态旅游开发也显现失控状态，由此也使得一些珍稀的旅游资源过早衰竭，旅游业赖以生存和发展的环境面临威胁。生态旅游现在正以迅速发展的态势在全国和全球得到普及，借助保护区良好的生态环境获取一定的经济效益，同时巩固生态环境质量，形成了一个互惠互利的良性循环发展模式。以往的发展已给了我们启示，仅凭参与者自身的道德约束是难以将生态旅游保护落到实处的，因此，在生态旅游资源保

护开发的过程中，只有将其纳入到法制的轨道上才能保证旅游业的可持续发展。通过民法和刑法的保护，通过旅游资源开发中遵循《生态资源法》、《野生动物保护法》、《森林法》、《自然保护区条例》等法律法规，可以使保护得到有效的保障。

34. 如何在认识生态旅游开发资源和知识有价的基础上加强生态旅游资源的规划管理？

答：只有充分认识到生态旅游资源的价值，资源开发者、管理者、旅游者才会自觉地去保护它；只有充分认识到生态旅游知识的价值，才能做好生态旅游资源的开发管理，做一名合格的生态旅游者。

生态旅游资源是一种极为宝贵的稀缺资源，我们应该充分认识到这一稀缺资源的价值。现有的旅游景点开发许多是投资者自己设计，或基本由投资者谋划出开发思路，然后找一些无规划资质、不重品牌信誉的设计单位编制规划书，最终必然造成低水平的旅游开发现象，对生态旅游资源的可持续开发和利用形成了严重的威胁。因此在以后的生态旅游资源开发时，要针对生态旅游资源的自身现状和独特性，由具有旅游规划资质、信誉好的专业设计单位进行设计规划，旅游主管部门还要加强对规划的评审和实施的监督工作，只有这样才能减少粗放式的旅游开发，避免开发中的破坏，同时还能避免低水平管理所带来的破坏。

35. 如何做到生态旅游资源开发的清洁生产、节约资源原则?

答:在生态旅游资源开发保护过程中,为了保护好生态环境和当地的人文景观,开发过程前期就应该精心设计,使一个生产流程的"废物"变成另一个生产流程的生产原料,以达到最大限度地限制向环境中排放废物,使整个生产过程成为一个无污染的"清洁生产"过程。将这一概念引入旅游开发保护,在接待设施的实际运作设计中做到尽量不向大自然中排放废物,而且把旅游对环境质量的不利影响控制在环境所能承载、能够自行消化的有效范围之内。

在节约资源方面,在生态旅游开发中,旅游设施的设置和旅游者的消费以"消耗最小"为准则。一要在开发中统筹兼顾,绿色规划,尽量减少自然资源的浪费,节约自然资源;二要在旅游管理和环境教育中指导旅游者适度消费,把消费的尺度和对环境的影响控制在环境的承载范围之内。

36. 什么是生态旅游资源开发资金回投原则?

答:生态旅游资源开发是一个动态的过程,由于旅游消费的变化、旅游从业者的更换,旅游地自身存在的问题将会日益凸显,为了使资源环境保护工作落到实处,除了在开发期间对资源保护要提出严格的要求外,在经营中也要求把旅游经营所得经济收入中的一部分回投到环境保护中,

用于消除因旅游所造成的对生态环境的不利影响，保证环境具有永续利用的潜力。此外，可采取诸如在门票上增加环境保护附加费等措施，为环境保护筹措专项保护资金。

37. 进行生态旅游技术培训对生态旅游发展有什么意义？

答：生态旅游资源保护性开发涉及的专业比较多，知识比较广泛，是个系统工程。因而，旅游从业人员须具有保护性开发意识，其保护素质的提高和保护能力的具备是进行生态旅游资源保护性开发的保证。没有保护知识和保护意识的人是很难胜任保护性的生态旅游服务的，只有对从事生态旅游开发与经营的工作人员进行生态环境、可持续发展等相关知识和技术的培训，才能更好地发展生态旅游产业，才能使生态旅游产业更加成熟。

38. 什么是生态旅游资源开发对游客保护的原则？

答：在生态旅游过程中，不仅要考虑生态环境的保护，也要重视游客的权益。游客作为旅游消费者，他们的合法权益应该得到有效保护。对旅游者权益的侵犯，必然导致旅游者“乘兴而来，败兴而归”，就会使旅游者数量减少，经营乏力，一切生态旅游的目标都将成为空谈。因此，在旅游开发销售上，必须坚持对旅游者负责的态度，为游客提供真

实信息，以保证消费者的合法权益，还应组织危害应急部门制定相关方案，保障旅游者的人身财产安全。

39. 生态旅游资源保护性开发规划的步骤有哪些？

答：生态旅游资源的开发必须通过周密调研、分析和规划，才能将生态旅游资源保护性开发的保护落到实处。可以通过以下步骤来具体落实可行的开发规划。

（1）市场分析

通过对自身所具有的自然生态资源和人文历史资源进行市场定位，调查旅游者的需求，分析旅游市场，作为确立适合自身的旅游开发目标的重要依据。

（2）旅游目标和旅游保护对象的确立

在市场分析调研的基础上明确自身的旅游开发目标，明确在以后的旅游开发阶段和旅游发展阶段所要保护的环境资源。

（3）对自然生态环境的调查和评价

在确立开发目标后，应调查其范围内的自然生态环境的基本情况，诸如所包含的物种、动植物的生长规律及生活习性等，此类的调查研究有助于在开发时为保护工作奠定科学的基础，也有助于生态旅游项目的拓展和深化，比如开展科考活动或科普旅游等。

（4）旅游承载力的确定

以自身的旅游环境的特征和旅游开发的目标为指导，

依据对生态环境的科学调查，确定生态旅游资源及环境的旅游承载量，确定旅游开发的规模。

（5）旅游设施的设计

在前四项工作基础上，本着保护的基本原则，为满足旅游者吃、住、游、娱、行、购及保护环境的需求，设计旅游基础设施、旅游接待设施和环境保护设施。

（6）社区参与设计

在旅游项目的开发上，社区利益的考虑不可忽视，需要设计社区居民参与的方案，使居民成为旅游开发和活动中的一个因子，使其真正受益。

（7）形成规划方案

通过上述工作，最终形成整体的开发规划草案，再进一步筛选、修订形成最终方案。

（8）环境影响评价

通过环境影响评价分析旅游开发规划将会给当地环境带来的正负面影响，为规划方案的优化提供生态学方面的科学依据。

（9）执行规划

规划最终确定后就进入到了建设实施阶段，包括硬件设施的建设和软件的培训。

（10）环境监测

在旅游区建设和运行期间，应进行跟踪性的环境监测。对象包括自然生态环境、社会及经济环境在旅游区建成出现的正负面影响。

（11）优化规划设计

对监测反馈的信息进行分析，为旅游区的规划设计提供优化依据，同时也为保护提供科学依据，使旅游区日趋完善。

40. 生态旅游开发设计的代表性项目和生态旅游设施的开发设计内容有哪些？

答：生态旅游开发的项目可以分为下面一些类型：①以欣赏自然风光为主的风光旅游；②以娱乐疗养为主的度假旅游；③以专业科学考察为主的科考旅游；④以探索自然奥秘，获取自然知识为主的科普旅游；⑤以观赏鸟类为主的观鸟旅游；⑥以挑战自然为主的探险旅游；⑦以体验乡村生活为主的乡村旅游；⑧以体验浓郁村寨文化为主的村寨旅游；⑨以了解民族风情为主的民族风情旅游。

在具体的旅游开发中，开发者可根据开发对象的特点开发具有多种旅游项目特点的综合旅游项目，为旅游者提供更为广泛的旅游体验和旅游选择。

旅游设施开发设计的内容主要是基础设施，包括道路、房屋、水电和通讯设施、废弃物的处理等设施。基础设施开发设计的指导思想是以最大化的旅游资源保护为核心，在开发中采用绿色、环保、与环境相融合的建筑模式和水电通讯设施，采用能够进行物质循环利用的废物处理设备。

因为生态旅游具有旅游教育的责任，因此在旅游开发中也应充分考虑此类旅游设施的设置，通过游客中心、展览

馆、陈列馆、影视厅、宣传标志系统等设施来达到环境教育的目的。在此过程中也应设置一定的生产部门，满足游客对当地特色产品的需求。

41. 农村生态旅游开发建设有什么社会意义？

答：近年来，随着国家产业结构调整步伐加快，促进了以生态旅游业为主的第三产业迅速发展，生态旅游业已逐渐发展成为第三产业龙头。产业规模、结构、体系不断提升，成为发展农村经济、扩大农民就业、增加农民收入的有效途径，对繁荣农村经济和改善城乡关系，推进城乡统筹协调发展有极大的促进作用。目前，国家已明确把大力发展旅游业作为扩大内需、解决就业的一项重要工作积极推进。

据统计资料，2002 年在全国 1600 多万旅游就业人口中，转移农村剩余劳动力超过 1000 万人；2003 年旅游就业人数达 3800 多万人。旅游业可以带动相关行业，在我国每增加 1 位旅游业直接就业人员，则可以带动相关行业 3 个人就业，而根据国际经验，可以带动 5 个人就业，这已说明发展旅游业对于促进就业、转移农村剩余劳动力大有可为。通过农村旅游业食、住、游、赏、娱、购等活动，增加农民收入，促进新农村建设。如北京市郊区，2000 年旅游农业总收入 12 亿元，2002 年旅游农业效益 22.7 亿元，2004 年全郊区接待游客 893.9 万人次，观光农业收入超过 30 亿元，民俗旅游收入 7.56 亿元。农村生态旅游业的蓬勃发展，也

有利于城乡人民之间相互交流，增进了解，加强沟通合作，能够促进城乡统筹、协调发展，有利于建设社会主义和谐社会。

发展农村生态旅游是促进传统农业向现代都市农业转型，鼓励农民转变观念，带动农村经济繁荣和发展的方式之一。农村生态旅游作为农村第三产业的重要组成部分和新兴产业，能够增加农民收入，优化农村的产业结构和就业结构，有利于农村资源的可持续开发利用和扩大农村的开放度，使农民就地走向现代化，因而发展农村生态旅游是发展农村经济、建设新农村的有效途径之一。

发展农村生态旅游，有利于加快农村城镇化建设步伐。发展旅游业需要加大农村基础设施的投入，需要改善农村环境面貌，从而也能够促进农村生活方式的变革和农村社会全面现代化。随着农村生态旅游的深入发展，必然会带动人流、物流、资金流、信息流在城乡之间的汇融，起到加速农村市场的发育和拓展的作用，有利于农村产业聚集和城乡一体化发展。

发展农村生态旅游，有利于保护农村生态环境。生态旅游对于环境卫生及整洁景观的要求极高，这将大大推动农村村容的改变，推动卫生条件的改善，推动环境治理，推动村庄整体建设的发展。生态旅游追求个性化、特色化、原生态、唯一性等特色，这也使旅游村庄形成了自己独特的面貌和村容，是打破目前新农村建设中“千村一面”的最佳方式。也就是说，发展农村生态旅游，有利于农村加快建设资源节约型、环境友好型社会，有利于保护资源和环境，促进

农村发展的科学规划与农村基础设施建设。

通过发展农村生态旅游，有利于实现农村“管理民主”的社会目标。在发展农村生态旅游的过程中，可以借鉴国内外的先进经验，提高旅游业开发在当地社区的参与度，在尊重农民意愿的前提下进行农村建设，提高当地农民的民主、法治意识。

42. 农村生态旅游开发有什么经济意义？

答：在农村生态旅游开发的过程中，充分利用农村旅游资源，调整和优化农村产业结构，拓宽农业功能，延长农业产业链，发展农村生态旅游服务业，促进农民转移就业，增加农民收入，为新农村建设创造较好的经济基础。通过发展生态旅游产业，可以最大限度地发挥出农村自然资源、人文资源的存在价值。在生态旅游活动中，旅游者的消费需求也使农村生产的农副产品通过包装就地消费，从而降低了运输成本，提高了市场价格，促进了农民增收。

农村生态旅游业的发展可以使农民自力更生，靠自身力量得到发展，进而减少国家对农村的扶持资金。由于当地农民参与投资、经营旅游业，可增加其可支配收入，实现当地经济发展和农民致富的目标。

43. 农村生态旅游开发有什么文化意义？

答：生态旅游业不仅对旅游者有较高的文化道德方面

的要求，对于从业人员也有其对应的高标准，对劳动者的技术和文化水平要求都比较高。通过发展农村生态旅游，使农民意识到提高自身素质的必要性和重要性，促使农村居民努力学习和掌握现代科技文化知识和职业技能，促进了农村教育发展，从而带动了农民文化素质的提高。

生态旅游的开发有利于新农村文明的生活方式的建立。发展农村生态旅游，大量的外来文化和先进思想带入农村，可以迅速提高农民的文化水平，使农村居民接受先进思想，实现思想转变，促进城乡统筹发展，增加城乡之间的互动，城里游客把城市的政治、经济、文化、意识等信息带到农村，可以使农民不用外出就能接受现代化意识观念和生活习俗，也能使农村居民接受更多先进的科学、民主、文化知识。通过旅游吸收现代文化，有利于农村移风易俗，抛弃陈规陋习，树立良好的生活习惯和风尚，对农村发展带来深刻的影响和变革。

通过生态旅游资源开发和保护，可以充分挖掘、保护和传承农村文化，拓展农村文化的吸引物，发展农村特色文化旅游，形成新的文明乡风。

44. 我国生态旅游业发展的状况怎样?

答：2009 年 12 月，国务院出台了《关于加快发展旅游业的意见》，明确提出要把旅游业培育成国民经济的战略性支柱产业和人民群众更加满意的现代服务业。该《意见》指出，旅游业是“战略性产业”，它具有资源消耗低、带动系数

大、就业机会多、综合效益好的特点。当前，中国正处在工业化、城镇化快速发展时期，日益增长的大众化、多样化消费需求为旅游业发展提供了新的机遇。尤其在“后金融危机时代”，全球经济后劲乏力，中国经济正需要探索新的增长点的关键时刻，旅游业在保增长、扩内需、调结构、促环保等方面，更显现了突出的积极作用。

从一些简单的数字可以看出旅游业对中国经济的巨大拉动作用。预计到 2015 年，我国旅游市场规模将会进一步扩大，国内旅游人数达 33 亿人次，年均增长为 10%；出境旅游人数将达 8300 万人次，年均增长为 9%；入境过夜游客人数将达 9000 万人次，年均增长 8%。旅游消费稳步增长，城乡居民年均出游超过 2 次，旅游消费相当于居民消费总量的 10%。每年新增旅游就业人口 50 万人。经济社会效益更加明显，旅游业总收入年均增长 12%以上，旅游业增加值占全国国内生产总值的比重将提高到 4.5%，占服务业增加值的比重将达到 12%。

中国人的消费在升级换代，城乡居民的消费热点也在不断转换。旅游业的快速发展对相关行业提出了新要求。据有关专家预测，到 2015 年，乘坐飞机的游客将超过 4 亿人次，需新增飞机 1000 架以上、新增航班 600 多万架次；铁路客运将超过 20 亿人次，需新增列车四五万辆、新增客运里程 7 万多公里；水路客运预计接近 3 亿人次，需新增船舶 1 万多艘；私家车有望达到 5000 万～6000 万辆，还需新建一大批汽车旅馆、汽车营地、加油维修站点等服务设施；各类住宿设施需新增 15 万～20 万家，其中星级饭店 1 万多

座,五星级饭店预计增加400座以上;各类景区景点需新增1万多家;其他餐饮、购物、旅游装备、文化娱乐、保险救援、通讯传播、教育培训等围绕游客的服务设施相应也需大幅增加。

业内分析称,21世纪的中国经济,有可能通过旅游业及其关联产业的深度开发和创新,重新找到在房地产业和汽车产业中曾经获得的强大而持续的发展动力。

在国家“十二五”规划纲要中,“积极发展旅游业”作为旅游产业的战略地位已经确立。目前,30个省(自治区、直辖市)都对旅游业有明确而突出的产业定位,其中27个省(自治区、直辖市)把旅游业确定为支柱产业。这意味着从国家层面提出的旅游业战略性支柱产业定位,具有非常成熟的基层实践基础。

中国地理资源、人文资源丰厚,拥有丰富多样、体验落差极大的生态旅游资源。对解决中国经济区域发展不平衡问题,旅游业具有天然的弥补作用。我国约70%的旅游资源分布在农村和中西部地区。2008年全国乡村旅游年接待超过5亿人次,收入超过3000亿元,受益村超过2万个,受益农民超过2400万。据统计,从2002年到2006年,西部12省(区、市)旅游总收入增长118%,年均21.5%,高于同期国内生产总值增长率3.2个百分点,相当于12省(区、市)国内生产总值的8.6%。据分析,参加各类农村旅游的人数今后每年将达到20亿人次,农村旅游将成为“大众旅游休闲”的主打产品。城市的旅游需求可以增加农民收入、解决农民就业、促进农村生产生活资料的升值,这种需求的

效果最直接、最直观，成本也最低。

《意见》把旅游业定位成“人民群众更满意的现代服务业”。国家旅游局副局长杜一力对此的评价是：其一，旅游业进入了大众化时期，旅行不再被视为一部分人的消费，而应该是人人享有的权利；其二，旅游发展的出发点是满足人民群众的需求，落脚点是要人民群众满意，它必须以现代服务意识和手段，来服务于每个旅行者。

事实上，中国旅游产业的跨越式发展，还基于一种现实的需求变化：在中国经济总量达到世界第二位，人均收入水平稳步提高的今天，旅游已经不再是人们的奢侈生活方式，而成为必需品和基本需求。正如杜一力所说：“社会发展到现阶段，精神需求、健康需求已经成为广大人民群众生活的基本需求，旅游是人们生活质量提升的标志，旅游业是社会发展阶段的标志性产业。”不认识到这一点，恐怕就不能抓住这一轮旅游产业勃兴的深厚社会物质和精神基础。

生态旅游业同时承载着现代文明的精神内涵。绿色、健康、低碳、环保、生态等理念，往往在人们的休闲旅游的生活中，才会更加直接地发现、接受并传播其价值和意义。

45. 如何在生态旅游规划和落实过程中使农村产业发展和保护环境协同发展？

答：在中共中央、国务院提出“工业反哺农业、城市支持农村”的重要方针指引下，为了打破城乡二元结构，加快农村经济和社会发展，构筑城乡一体、统筹协调发展的格

局，新农村的建设和发展如火如荼。新农村建设的目的就是为了改善农村居民的生产、生活条件，改善生态环境，集约利用土地资源。如何在保护好生态环境的同时发展村庄经济，提高农民生活水平，建设和谐富裕的社会主义新农村，是我们当前必须思考和需要解决的一个问题。由于经济的发展速度较快，许多农村在城乡一体化过程中急于摆脱贫困，因为忽视了环境保护，从而导致一系列环境问题的产生，农村生态环境现状不容乐观。许多拥有优美环境资源的村庄，只知道发展旅游，而缺乏环境保护以及长远的发展和规划，最终造成环境资源的破坏和旅游质量的滑坡。在新农村建设和发展农村生态旅游产业过程中，前期需思考和解决好以下几个问题：一是政府需做好前期的引导工作，需要做好充分论证和科学规划，切忌盲目开发。二是开发部门、当地居民不能各自为政，以生态旅游为主的观光体验旅游，如果没有当地居民的参与，地方的特色得不到体验，游客的乡俗民情的体验成分不高，既缺乏深度体验性，又不能展现当地民俗文化特色。因此，开发者和当地居民应形成整体，共享资源，也有利于保障当地农民利益。三是需要有长远规划眼光和战略思考。由于自然环境是村庄发展的一项重要资源，村庄旅游开发对自然环境具有非常强的依赖性，因此，对于生态环境的保护性利用，是山区旅游村庄产业经济发展、农民获取利益可持续发展的长期保障。在新农村建设中，在开发生态旅游业的过程中，对于山区自然资源条件好的旅游村庄，在开发和管理方面应始终保护好的生态环境。

46. 为什么说发展农业生态旅游业是加快新农村建设的一条重要途径？

答：生态旅游业和生态农业相结合产生了农业生态旅游，它是一种新型的交叉产业。在充分开发具有观光旅游价值的农业资源的基础上，它以生态旅游为主体，把新兴农业技术应用、农业生产与游客参加农事活动等融为一体，使游客充分欣赏大自然并产生浓厚情趣。只要有吸引力，能给游客增加乐趣、赏趣、奇趣、野趣、异趣、土趣、买趣，并拥有观赏、健身、参与、科考、习技和阅历等旅游功能的农业，均可属生态农业旅游范畴。

在新农村建设中，为了提高农村居民收入，加快农村经济社会转型和发展，应当以农村自然环境、农业资源、田园景观、农业生产和乡土文化为基础，通过整体规划布局和工艺设计，加上一系列配套服务，为生态旅游者提供观光、旅游、休养、增长知识、了解和体验乡村民俗生活的旅游产品，使人们在领略锦绣田园风光和体验清新乡土气息中更贴近自然和农村。通过发展生态农业旅游，能够促进传统农业向现代化农业迈进，加强农业科技创新和转化能力。发展生态农业，可以带动交通运输业、农村商业和服务业等相关产业的发展，可以促进土特产品、农副产品、农村食品和工业品的生产交换，有利于农村经济的繁荣。而生态农业旅游对导游、交通运输、住宿和餐饮等服务人员的大量需求，又拓宽了农村剩余劳动力的就业渠道，增加了农民收入。

生态旅游业的发展要求相关基础设施的配套建设，诸如畅达的公路、充足的饮用水，这些基础设施的建设在服务于旅游者的同时更能够使当地农民从中受益。而通过发展生态农业旅游所获得的经济收益又能反过来进一步促进乡村的基础设施建设。

随着生态农业旅游业在我国农村经济发展中的日臻成熟完善，它在促进农村经济变革和发展、优化农村产业结构、扩大农民就业渠道、增加农民收入等方面的巨大作用也会充分凸现出来，并成为我国新农村建设的一条重要途径。

47. 农村生态旅游发展泛化的问题有哪些?

答:生态旅游的本质是旅游可持续性、生态可持续性和当地社会文化的保护和发展。而我国农村生态旅游还处在发展的初级阶段，只有立足于高起点的认识，借前车之鉴，才可以在开发中避免生态旅游发展的泛化，才可以避免非理性、盲目性和粗放性。如果起点不高、认识不足、发展不力，则生态旅游变为幌子，实则是与传统旅游没有两样的发展之路，就会变为不顾及承载力的短期经济利益驱动的大规模性旅游，造成生态旅游教育功能的弱化甚至消失，生态系统结构的完整性、生态过程的连续性保护、旅游地环境保护也就仅仅停留于概念，没有了切实的履行理念、方式和措施，生态旅游产品也就自然缺乏了高品位、专业性及知识性。诸多问题的出现，主要是因为在生态旅游定位和建设开发时，旅游开发指导思想的泛化，对概念领会的不足和泛

化引起了建设的泛化。发展政策及引导的滞后使得生态旅游发展在实践过程中，因为短视利益的驱动使得生态保护流于表面，而破坏则成事实。

48. 如何发展蔬菜生态旅游？

答：蔬菜生态旅游是一种以蔬菜业和菜园为载体的新型农业生态旅游产业。在旅游市场旅游者渴望旅游多样化的今天，发展蔬菜生态旅游已逐渐发展成为城市近郊发展旅游产业的重要形式。

在 20 世纪 70 年代，日、美国家蔬菜生态旅游已成规模，我国的发展还处在起步阶段，存在着发展上缺乏有序规划和对蔬菜生态发展的深刻认识，缺乏周年观赏性。追求短期经济效益的情况比较严重，没有连续的发展功能系统。旅游产品设计单一，缺少特色性，缺少对游客的重复吸引力。

蔬菜旅游业要走可持续发展之路，基础是农业产业内部具备良性的循环，具备生态开发组合上的合理性，通过参与体验蔬菜的种植、收获感知农业的乐趣，感知生态生命的奇迹。通过展示和增加科普教育，增加环保教育，使旅游者从中得到科学教育，得到环保理念的培养和增强。以蔬菜生态旅游为依托，发展休闲疗养，让游客住农家院、吃农家饭、干农家活、享农家乐，也可以配以饲养、垂钓等项目，让其享受浓郁的乡土风情、民俗文化，也能够使游客在旅游中有一个长时间的驻留，给旅游带来更大的效益。

在蔬菜生态旅游可持续发展的过程中，需要加强规范管理，促进蔬菜生态旅游有序开发。开发前期应搞好项目策划、加大宣传、增加其吸引力；开发中应制定蔬菜观赏园的评定标准，保障旅游的安全卫生，保障游客的健康；政策上鼓励和吸引投资，加快蔬菜旅游业的发展步伐。

49. 森林生态旅游优势及森林景观欣赏的内容有哪些？

答：森林生态旅游是生态旅游最为重要的一种类型，是一种休闲时尚与生态自然融于一体的旅游活动。

森林生态旅游的优势在于没有人为的刻意雕琢，原生性、天然性强；地域面积广阔，活动空间大，方式自由，无城市公园的局促；在登山涉水的活动中能够满足人们追求新、奇、险的心理需求；远离城市的车水马龙、喧嚣吵闹、空气污浊，人们能够在其中寻找到自然环境的宁静幽雅、博大精深，置身在青山秀水之间，观赏山林野趣，领略自然风光，能够使人返璞归真、调节身心、陶冶情操，升华精神情感。

森林景观的欣赏内容主要有以下一些方面的内容。

（1）森林景观的多样性

在陆地旅游生态系统中，森林系统是一个非常庞大的生态系统，这也为森林旅游的欣赏内容提供了非常广阔的群落的多样性、物种的多样性和遗传的多样性。

（2）森林景观层次的多样性

森林的层次包括森林水平与垂直的分布层次给人的美

感享受;乔木层、灌木层、草本植物层的结构层次的造型各异、结构精致、各呈其彩。

(3)森林景观的变异性

森林阴晴晨昏、春夏秋冬、云雾风雨、花开果落等千变万化的状态,能够引发人的感官愉悦。细化的欣赏方式还有风景欣赏、雨景欣赏、云雾景欣赏、霞景欣赏、动物欣赏、色彩欣赏、声音欣赏、味感体验、生命性欣赏等。

50. 民族地区农村生态旅游开发的优势和意义是什么?

答:在社会主义新农村建设中,民族地区村寨新农村建设存在资金严重缺乏、交通不便、教育落后等现实问题。但其所拥有的丰富多样的自然和人文生态旅游资源,特别是民族民俗文化和美不胜收的自然景观对游客具有很强的吸引力,其中蕴藏着巨大的旅游商机。

民族地区因为特有的地理环境及传统文化的影响,相对完整地保存了较好的自然山水环境和独特的民族风情文化。社会结构构成、民族居住环境、民族生活习俗、民族服装、民族饮食、民族工艺等这些资源对外界游人都具有非常大的吸引力。尤其是丰富多样的文化旅游资源,反映了人与自然的依存和延续,具有特殊的民族文化内涵与较高品位。另外,形态独特的乡村聚落、社会组织形式、趣闻传说、生活习惯、农作方式、乡村建筑、节庆活动和家庭关系,等等,都是开发民族地区乡村生态旅游重要的资源对象。

通过把民族地区的生态旅游开发与新农村建设有机结合，通过生态旅游的经济发展带动新农村建设，通过环境保护促进生态旅游循环发展，对社会主义民族地区新农村建设具有现实的指导意义。

经济相对落后的少数民族地区要在短时间内实现建设社会主义新农村的目标，从现实情况来看，具有一定的困难，因此在推进新农村建设时，必须针对民族地区特点，结合民族地区实际情况，探索一条具有民族特色的新农村建设之路。许多地区的实践证实，生态旅游的发展可以带动当地经济的发展及整个乡村的建设，这对民族地区建设社会主义新农村具有推动作用。

51. 如何进行农村生态旅游规划？

答：农村生态旅游规划是指对农村生态环境进行比较全面长远的发展计划，是对农村生态环境未来整体性、长期性、基本性问题的思考和设计。在对农村生态旅游环境进行总体布局、规划之前，必须对当地现有生态旅游资源进行详细普查，确定是否具备生态旅游发展的条件，例如政策优势、区域优势、资源优势、基础优势等，以及把握市场需求，准确定位，注重文化内涵，以提高市场竞争力；在此基础上，编制农村生态旅游规划，可以采用专家论证、政府决策、社会公示等旅游规划决策机制，但必须指出的是，专家论证法中的专家要有生态学、旅游学、生物学、地理学、环境学、园林学、建筑学、经济学、市场学、历史学等多学科的人员组

成，以达到高起点规划，实现可持续发展的目标，同时要注重多主体参与，要确保可能受到影响的各个相关者，尤其是当地居民参与其中，做到能够最大限度地实现众多利益相关主体之间利益的平衡。然后按规划方向有步骤地开发、协调和统一生态、环境与旅游之间的关系，体现整体性和景观性，优化当地生态旅游资源配置，把握市场发展动态。并且设立旅游管理部门，对旅游产业内部进行统一领导管理，同时加强领导机构之间的协调，形成以生态旅游为中心的循环圈。总之，对农村生态景观进行合理的规划和设计，对促进资源的合理利用及现代农村生态旅游开发，具有重要的现实意义。

52. 茶产地农村茶叶文化生态旅游概念和开发的意义是什么？

答：所谓茶叶文化生态旅游，是指在亲近、认识和体验茶叶生态环境的基础上，在不损害茶叶自然环境可持续发展的前提下，旅游者到相对原始的茶叶自然环境和淳朴的茶文化地区旅行。具体来说，开发农村茶叶文化生态旅游是茶乡农村发展的重要动力，有利于实现农村发展。例如对于茶乡农民而言，通过开发乡村茶叶文化生态旅，有利于提高他们的收入以及加强他们与城市交往，因为都市人所带来的是先进文化，这样的文化会在不知不觉的交流过程中融合到当地村民的心中。另外，开发农村茶叶文化生态旅游，对于茶业、茶文化的发展及提升做出了巨大的贡献，

实现了双赢的目的。第一,开发农村茶叶文化生态旅游有助于我国茶业摆脱困境,紧跟时代发展的步伐,从而使得整个茶业快速、持续、健康地发展;第二,开发农村茶乡茶叶文化生态旅游有助于传承和弘扬我国传统的茶文化,即包括茶艺、茶道、茶的礼仪和精神及与茶有关的众多文化现象,与此同时还可以保护茶文化景观及遗迹,如茶马古道、长兴贡茶院、古老茶山、茶所遗址、纪念碑刻等著名的遗迹。

开发农村茶乡茶叶文化生态旅游是对我国茶文化景观和遗迹的最好保护。开发农村茶乡茶叶文化生态旅游不能忽视做强做大茶叶品牌,需要成立专门机构,组织人才,筹集资金,搞好开发,挖掘茶文化中的茶艺、茶道和茶德,推动茶文化的发展。

农村茶乡茶叶文化生态旅游中的生态环境保护,需要加强游客和导游的茶叶生态环境保护意识,防止茶叶旅游资源的粗放式开发和盲目利用,旅游区要搞好茶叶生态环境监测,建立预警系统。

53. 如何分析农村生态旅游发展相关利益者?

答:1984年,学者弗里曼给“利益相关者”下的定义是指那些能影响企业目标的实现或被企业目标的实现所影响的个人或群体。有关学者根据弗里曼的研究,将利益相关者理论运用到旅游业中,绘制了旅游业的利益相关者图。根据分析,其利益相关者主要包括社区居民、政府部门、投

资者、旅游者、竞争者、旅游规划师等。通过利益相关者理论分析，社区居民是生态旅游发展中的最关键群体，他们的所有物及其行为构成了生态旅游的核心资源。因此，社区居民是农村生态旅游发展能否实现可持续发展的决定因素，并且有权参与生态旅游的收益分配和发展决策，获得适当的农村生态旅游经济体的剩余索取权和剩余控制权。政府部门作为农村生态旅游的领导者和引路人，在旅游发展的起始阶段发挥巨大的作用，因为政府决策质量的优劣，对生态旅游发展的方向及途径的抉择，对旅游发展基础设施的供给能力，对旅游市场和环境的协调能力，有很大的影响，往往决定了地区生态旅游发展前景的好坏。投资者主要是为农村生态旅游提供资金或技术，故通过其资金或技术投入的多少来参与收益分配，是生态旅游管理的重要利益相关者。生态旅游的顾客包括作为产品最终消费者的游客和旅行社及其他代理机构，两者都是重要的利益相关者。竞争者既是合作者又是竞争对手，因而也是重要的利益相关者。旅游规划师对生态旅游发展有较大影响力，但对其利益影响不大。

54. 农村生态旅游利益关系应如何协调?

答：所谓利益关系是指农村旅游社区中的利益相关者在资源、收益和责任上的平衡关系，只有在协调的利益关系基础之上，农村生态旅游才有可能持续发展。如果社区中任何一方的利益受到损害时，不利于社区整体利益的行为

将会滋生，从而导致农村生态旅游可持续发展失去根基。目前，在我国农村生态旅游可持续发展中面临以下四个方面的不合理利益关系：第一，个人利益与整体利益不协调；第二，责任承担不公正；第三，资源使用权的分配不合理；第四，旅游收益分配不平衡。

导致农村生态旅游社区利益不协调发展的根源是价值观念落后，陈旧、落后的传统价值观念只是片面追求经济利益而忽略生态、环境效益；导致农村生态旅游社区利益分配不平衡的重要原因之一是社会经济地位的差异；导致农村生态旅游社区利益分配不合理的关键因素是旅游收益分配机制不完善。

协调农村生态旅游利益关系，最重要的是要树立协同发展的理念，使利益相关者意识到长期得不到解决的利益不协调问题可能带来的后果；其次是要建立与完善利益分配机制，科学的制度有利于实现社区利益的合理分配和农村生态旅游社区的可持续发展。

55. 农村居民满意度对生态旅游开发有什么影响？

答：由于社区旅游资源（社区的自然生态资源和人文生态资源）是一个资源综合体，其资源产权人与国家、集体和个人都有关联性，因此，开展农村社区生态旅游会涉及多个利益群体，需兼顾各利益相关主体，尤其是社区里的主人——社区居民的利益，才有可能持续发展。根据世界各

地社区生态旅游的开发经验，其成功的关键在于“地方居民对生态旅游的态度和生态旅游机会的可得性”。也就是说，社区居民对社区生态旅游开发的满意度直接影响社区旅游的发展前景。

通过利益相关者理论，对众多农村生态旅游主要利益相关者的影响力进行分析，结果表明社区居民是其中最关键的群体，其在社区生态旅游中具有多重身份，既是部分旅游资源和社区文化的重要载体，又是旅游开发的重要生态文化旅游资源，同时还是社区旅游发展中重要的人力资本。故社区居民是社区生态旅游成功运作、持续发展的决定因素，而非政府政令下的被支配者或旅游发展的边缘化群体。

关于社区居民满意度的评价及其影响的研究成果较少，在社区生态旅游研究中，应该关注的是各利益相关者。目前所涉及的社区居民满意度评价是模糊综合评价法，该法是应用模糊关系合成的原理，从多个方面对被评价事务隶属等级状况进行综合性评价。

56. 农村生态旅游的美学思考有哪些内容？

答：农村是以自然资源为基础的最佳生态旅游目的地，理所当然地农村生态旅游便成为了生态旅游最重要的分支之一，妥善应用农业资源，充分利用农业经营活动、农村生活、田园景观以及我国传承已久的农耕文化、生活形式、民俗风情为旅游者提供自然生态的休闲环境，可以满足人们不断增长的亲近自然、回归田园的美学体验需要。

农村生态旅游的美学形态展现可分为悦耳悦目、悦心悦意及悦志悦神三个方面。

(1) 悦耳悦目的展现

如水乡泽国的绿荷红花，乡野大地的蓝天绿地，新鲜的泥土气息，素淡的蔬菜清香，或者是"山重水复疑无路，柳暗花明又一村"的乡间小道。

(2) 悦心悦意的展现

农村人居环境让人充分感受中国传统中"知者乐水，仁者乐山"与"天人合一"传统意境。

(3) 悦志悦神的展现

在现时生态环境下，农村生态旅游就是旅游者自我体验、自我反省、感受生命、尊崇生命、强化生态观念的自我教育过程。总的来说，中国农村给我们呈现的是山水画、田园诗、民俗歌、生活曲、梦幻境，而农村生态旅游则是在此基础上的一种"天人合一"的休闲方式。

旅游管理篇

57. 如何进行农村生态旅游环境控制？

答：由于农村生态旅游环境的独特性，包括天然或人为的景观、景观的人文或历史的内涵、景观的特色等，不断地吸引世界各地的游客前往观赏、游玩。然而，由于村民认知的局限性、环保意识的薄弱，造成服务不到位和管理工作混乱，同时导致农村生态旅游环境的破坏与退化。这不但严重影响了旅游活动的正常进行，制约了生态旅游的发展，还对当地居民的生产和生活造成了极大的干扰与困惑。因此，农村生态旅游环境的维护及控制需要缜密周到的保护规章，需要严格的执法手段和力量。具体的环境控制措施如下。

（1）加强教育与培训

尤其是对当地居民和管理人员的教育与培训。应提高管理者素质，增强其科学管理技能；提高他们的环境保护意识，使他们能自觉地维护当地的生态资源，成为生态环境保护的受益者，同时也成为生态旅游的受益者。

（2）了解并掌握农村生态旅游环境演化规律

包括构成当地生态环境的各个基本要素以及自然、人文、历史差异等，深入分析当地生态旅游环境的独特性特别是景观、景点的独特性并牢记在心，用心保护，这有助于促进环境保护与生态旅游之间良好的互动关系。

（3）完善管理制度

提高管理服务质量和服务水平，加强管理服务意识，吸纳旅游规划、策划、营销等专业人才。

58. 农村生态旅游开发中的旅游容量定位问题如何分析？

答：一定时期内不会对旅游目的地的经济、环境、文化、社会以及旅游者旅游感受质量等方面带来无法接受的不利影响的旅游业规模的最高限度，也就是能吸引并保持旅游者前往的旅游业资源最高利用程度，称为旅游容量。一般量化为旅游地接待的旅游人数最大值。

（1）农村生态旅游容量定位分析方法

在对农村生态旅游资源进行评价和开发时，必须充分考虑农村生态旅游目的地的极限容量，并将它放到适当的

位置。其主要方法有以下几点：

①用空间面积来度量拥挤程度；

②旅游极限有时也同所期望的游客人数相关；

③高峰期需求测定；

④限度评估法；

⑤心理容量的准确数字因很难测定，摄像与问卷结合法是目前使用频率较高的做法之一。对于当地居民社会容量和心理容量的衡量，也只能在综合各种因素的基础上进行主观的推测。

(2) 影响农村旅游容量确定的因素

①不同类型、不同地域的旅游资源；

②旅游开发及管理水平的高低；

③时间因素；

④不同群体对拥挤的感知差异。

59. 农村生态旅游发展的可持续性策略有哪些?

答：农村生态旅游不是一种以牺牲自然环境为代价的旅游，而是与农村自然环境相协调发展的旅游，在适度开发自然资源、控制接待游客的基础上，不断增强农村居民及旅游者的环保意识。具体的农村生态旅游发展可持续性策略有以下几方面。

(1) 保护森林资源

森林是陆地最大的生态系统，是自然界物质和能量交换的重要枢纽，具有涵养水源、保护水土、防风固沙、调节

气候、维护生态平衡等功能。

(2) 统一规划,有序开发

规划要尊重自然,尊重历史传统,根据经济、社会、文化、生态等各方面的要求进行编制。规划的内容要体现因地制宜的原则,延续原有乡村特色,保护整体景观,体现景观生态、景观资源化和景观美学原则,同时还要遵循适度地有序地分层次开发的原则,突出重点、明确时序、适当超前。

(3) 发挥政府的主导作用

充分发挥政府的宏观调控,为相应法律、法规及政策的出台创造更多的有利条件。

(4) 提高环保意识,强化法制观念

农村生态旅游必须加强环境立法和管理,并不断完善已出台的与旅游相关的环境保护法律和法规。

(5) 加强生态宣传和教育

60. 农村生态旅游资源的开发对自然景观生态有什么影响?

答:我国具有良好的发展农业生态旅游的条件:其一,地理经纬度跨度较大,多样的自然生态,气候、水文、植被、地貌、地形、土壤和地质等差异明显,蕴涵着极为丰富的农业生态旅游资源;其二,我国农业历史悠久,孕育了各具特色的丰富多彩的农耕文化;其三,随着人们生活水平的提高和生态意识的觉醒,对农业生态旅游的需求将不断增长,拥

有巨大的客源市场。

但是我国的农业生态旅游业开发历史较短，人们对农业生态旅游的特点缺乏综合认识，即以农业保护为核心和以农业生态为基础，对其文化内涵的高品位性，对其地域差异性、可塑性和季节变动，对其内容的专业性和广博性，对其高效益与低风险性等认识不充分；同时，人们对旅游与环境之间的关系尚缺乏科学理解。因此，农业生态旅游的发展及其资源的开发还停留在初级阶段。经营单位为了丰厚的利益或利润，导致对农业生态旅游资源的无序开发，忽视了开发对环境的影响和资源的破坏。

(1) 农业生态环境被污染

随着我国不断扩大开放旅游业发展迅速，但由于缺乏规划、管理和监督，农业生态旅游景区的环境污染日趋严重。据中国社会科学院环境与发展研究中心估计，按 1993 年价格指数，20 世纪 90 年代初我国包括旅游开发不当在内造成的环境污染的损失高达 1000 亿元以上，占 1993 年国内生产总值的 3%。其中，旅游对风景名胜区环境污染造成的损失最为严重。

(2) 农业生态旅游资源的粗放式开发和盲目利用

在开发农业生态旅游资源时，一些地方政府的相关部门缺乏深入的调查分析和全面的科学论证、评估与规划，便盲目地进行粗放式、探索式的开发。开发中轻保护、重收益，造成生态资源破坏、变相开发和环境污染等问题。

同时，一些旅游开发企业变相开发，唯利是图，在农业生态旅游的幌子下，征得廉价的相应资源后，只搞一般性的

旅游项目。他们仅从交通、食、住上进行简便处理安排，就招揽人们旅游，赚取利润。这种唯利是图的简便开发，泯灭了农业生态旅游资源的效用，远未体现旅游的功能，其开发深度难以不断地吸引游客。

(3) 农业生态旅游资源被破坏

由于不当开发，使农业生态旅游资源遭到破坏。近十几年来，旅游业快速发展，在其开发中由于轻保护重收益的观念，致使景区人工化、森林区商业化，使得景区、林区乱砍滥伐加剧，造成森林生态环境系统失调和景区的和谐性、整体性遭到破坏，使得生物的多样性遭到严重的损失。当前，我国约 4000 多种被子植物受到存续的威胁，其中 1000 种、28 种和 7 种分别为珍稀濒危物种、极危物种和灭绝的物种；63 种、14 种和 1 种分别为裸子植物濒危和受威胁物种、极危物种、灭绝物种。这将引起自然界生态平衡的紊乱，使农业生态难以平衡，从而影响农业生态旅游的可持续发展。

可见，我国农业生态旅游资源开发存在诸多问题，应该高度重视并遏制那种不惜以农业生态旅游资源为代价来获取利润和把农业生态旅游资源消费摆在首位的做法，使农业生态旅游走上科学有序的轨道。这是我国开展农业生态旅游首先应解决的问题。

61. 如何发展农村生态旅游业？

答：自 20 世纪 80 年代，农村生态旅游在我国广大农村地区蓬勃发展起来，现已成为我国旅游业的重要组成部

分和促进农村社会经济发展的重要支撑。据统计,2010 年全国乡村旅游接待游客超过 4.85 亿人次,乡村旅游收入达到 673 亿元,农民直接就业达到 595 万人,间接就业、季节性就业达到 2840 万人。

农村生态旅游是立足于农村,利用乡村自然、民俗民风、农耕文化、人文景观和农家生活等旅游资源,通过科学规划和开发设计,为游客提供观光、健身、休闲、娱乐、体验、度假和教育等多项需求的旅游经营活动。它的生命线是乡村性,表现为乡村性的建筑、环境、田野、服饰和食品果园等自然物质方面和乡村的民俗传统、制度规范、语言文化和乡风乡貌等精神文化方面,也即原生态的或乡村性的生态环境,包括乡村性人文生态环境和乡村性自然生态环境。

目前,我国农村生态旅游已形成多种模式,发展迅猛。根据《全国乡村旅游发展纲要(2009—2015 年)(征求意见稿)》,我国乡村旅游将“形成领域宽广、规模较大、特色突出、发展规范的大格局”,成为新农村建设的重要载体,推动实现农民增收、农村产业发展和农村社会和谐稳定的三大目标。由此可见,我国农村生态旅游发展充满机遇,前景广阔。

62. 如何完善我国生态旅游业的法律法规?

答:为了我国生态旅游业的健康和可持续发展,除了采用教育、引导、培训等措施外,加强生态法律的建设也非常重要,可以从以下一些方面来完善生态旅游方面的法律

体系。

(1) 建立健全生态旅游社区参与制度

社区参与是解决资源利用和资源保护之间矛盾的最佳途径,因此,应尽快建立生态旅游社区参与制度,提高当地民众环境保护的积极性。

(2) 理顺管理关系,强化环境执法

执法决定了生态旅游相关法律法规能否切实发挥作用,是生态旅游法律保障体系中的关键。

针对生态旅游的执法问题,其一,应落实生态旅游行政执法责任制,严格执法程序并加大生态旅游的行政执法力度,真正做到有法必依、执法必严、违法必究。其二,应完善生态旅游执法机构并配备专门执法队伍。执法人员应考核录用、定期培训,确保其具有专业的技能。生态旅游执法机构要统一职能,其任务、权限和责任必须由法律明确规定。

(3) 制定配套法规与标准

至今,我国仍没有一部法律层面的旅游基本法,这与日益发展的旅游业极不适应,因此当务之急,是借鉴国外生态旅游法律制度制定我国的《旅游基本法》,在《旅游基本法》中重点规范生态旅游,对生态旅游的资源评价管理制度、规划制度和环境影响评价制度等基本制度进行确立。在此基础上,由国务院相关主管部门进一步协调制定诸如《生态旅游区评定办法》、《生态旅游资源开发和管理办法》和《生态旅游区经营管理办法》等配套规章制度,以进一步增强法律法规对于生态旅游的针对性和可操作性。此外,还应在符合国际标准的前提下,尽快制定适合我国国情的生态旅游

标准，建立生态旅游绿色认证体系，将生态旅游真正纳入法制化道路。

（4）确立可持续发展的立法理念

生态旅游的可持续发展必须以旅游资源的可持续、循环开发利用为前提，其发展必须遵循循环经济的发展要求，因此，在今后旅游立法的指导思想上，应当把生态的可持续性与经济发展有机地结合起来，将生态理念贯穿立法的始终，这样才能科学有效地使用旅游资源，改善人文环境和自然环境，确保环境和旅游资源均能满足当代人乃至后人的需要，保持生态旅游的可持续发展。

（5）加强生态旅游的循环经济法律调控

把清洁生产和废弃物的综合利用融合为一体的生态经济称为循环经济。当前，我国正在倡导落实科学发展观，大力发展循环经济，这也对旅游业的经济模式提出了新的要求。应该从总体上倡导循环经济模式，2008 年已制订并鼓励促进全方位地保护和节约资源环境，可以极大地带动旅游业资源环境的节约保护及循环利用。此外，还应制定相应的扶持措施和政策保障体系，加强生态旅游循环经济的法律调控，国家应从金融保障和税收等方面制定促进循环型旅游发展的优惠政策，加强旅游资源无害化处理、循环利用以及旅游产品加工过程中的清洁生产与产业链整合，从源头上加强生态旅游循环经济建设，在旅游业中实行全过程的环境质量控制，将旅游者和旅游企业对旅游区生态环境的负面影响减少到最低限度。

生态旅游是在传统旅游基础上发展而来的，它是一种

新型的、负责任的旅游形式，符合自然和人的双重需要，它的运行与发展也同样离不开法律的规制与保障，法律能够有效解决旅游中出现的问题，引导生态旅游的健康发展，使文化、经济发展与环境保护达到和谐统一。

63. 如何在新农村建设中发展森林生态旅游？

答：新农村建设要解决的根本问题是提高农民生活水平和改善农村生活环境，而这一目标的实现除了需要国家的政策和财力支持外，关键在于农村经济自身的发展。森林生态旅游作为第三产业的重要组成部分和朝阳产业，其健康持续发展有利于周边农民增收和就业，是新农村建设的重要途径之一。

在森林生态旅游发展中，应坚持生态、经济、社会三大效益为一体的原则，把林业、农业产业结构与增加农民收入有机结合起来，以科研部门为依托，走“龙头企业＋基地＋农户”之路。森林生态旅游一方面拥有巨大的客源市场，随着人们生态意识的觉醒和生活水平的提高，对农业生态旅游的需求将不断增长；二是中国地理经纬度跨度宽阔，多样的自然生态，地形、地貌、地质、土壤、植被、水文、气候的差异明显，蕴涵着极为丰富的森林生态旅游资源，发展森林生态旅游能大大提升这方面的开发力度和相应的价值；三是森林生态旅游能发扬我国历史悠久的农业文明，展示丰富多彩、各具特色的农耕文化。

64. 如何理解生态旅游业的背景体系?

当前,随着人们生态环保意识的增强,绿色运动将逐渐席卷全球。作为绿色消费的生态旅游,一经提出便在全球引起巨大反响。在我国,作为一个新兴产业的生态旅游业,目前正处于成长期,被称为朝阳产业。

生态旅游倡导用生态观点发展旅游业,是针对旅游业对环境的影响而产生和发展起来的,它是一种全新的旅游方式。1983 年,国际自然保护联盟的特别顾问谢贝洛斯·拉斯喀瑞首先提出生态旅游的概念,并就生态旅游给出两个要点:其一,自然景物是生态旅游的对象;其二,生态旅游的对象不应受到损害。目前所谈到的生态旅游,是指中国生态旅游研讨会在 1995 年给生态旅游下的定义:生态旅游是在生态学的观点、理论指导下,认识、享受、保护自然和文化遗产,带有科普色彩和生态科教的一种专项旅游活动。它强调在发展旅游业的同时要处理好人和自然的关系,实现生态、经济和社会的协调发展。从本质上来讲,应把握:其一,生态旅游是一种教育手段。生态旅游是一种学习自然、保护自然的高层次的旅游活动和教育活动的结合。在生态旅游的全过程中,旅游经营者通过各种形式的宣传使游客受到生动具体的教育,使人们的环境意识在生态旅游区这个天然大课堂中得以提升。其二,生态旅游是一种特色旅游产品。生态旅游是由经营者向游客提供的一种能满足游客回归自然心理的优质服务,它是各级旅游经营者向

游客经销的一种无形产品。其三，旅游的可持续发展是生态旅游的核心。人们对旅游的作用和影响进行全面评价之时提出了可持续发展观，成为了对旅游发展进行重新评价的中心议题，也很快被人们所接受，“可持续旅游”的概念也因此而产生。

65. 生态旅游开发对构建和谐新农村有什么作用？

答：生态旅游开发对和谐农村社会构建具有重要的战略意义。构建和谐新农村就是要坚持以科学发展观为指导，通过不懈的努力，实现农民“人与人，人与自然环境之间的相互依存、相互促进”的协调融洽关系，实现农村“管理民主、村容整洁、生活富裕、生产发展、乡风文明”的人居环境。《中共中央关于推进农村改革发展若干重大问题的决定》指出：“把建设社会主义新农村作为战略任务，把走中国特色农业现代化道路作为基本方向，把加快形成城乡经济社会发展一体化新格局作为根本要求。”农民、科技、政策是完成这一目标任务重中之重的三大要求。农民是构建和谐新农村的主体，必须充分发挥新型农民的主体作用。生态旅游是对农村生产力发展起关键性作用的要素，是发展农业生产、繁荣农村经济的重要力量。中国农村的突出问题是人口多而人均占有的可利用土地少，这一特征注定了解决“三农”问题必然是一项“多管齐下”的综合工程，而发展生态旅游将会对农村劳动力的消化和农民收入的提升起到非常积

极的作用。

66. 生态旅游开发中的环境问题和对策是什么?

答:在生态旅游开发中,存在着许多的问题,不少地方违反经济规律和自然规律,缺乏环保意识,对生态环境造成了极大的破坏,主要表现在以下方面:一是滥造人造景观,以各种神话传说、宗教迷信为题材的神怪塑像、龙宫鬼殿,充斥山野幽林之中,显得不伦不类,大煞风景;二是景点设施对景观的破坏;三是宾馆失控,游客过多,超过环境容量,导致水源枯竭,温泉抽尽,鸟兽绝迹,生态失衡;四是旅游设施如宾馆、饭店等没有配套"三废"的处理系统;五是部分游客公德意识、环境意识差,随地扔垃圾,如易拉罐、啤酒瓶、塑料袋等,甚至毁坏树木、践踏花草、狩猎打鸟、挖树头盘景,等等,对生态环境造成极大破坏。所有这些做法,都是只顾眼前利益、不顾长远利益,只顾局部利益、不顾全局利益,只顾经济效益、不顾生态效益的短视行为。

为了促使生态旅游业的健康发展,需要用正确的对策使生态旅游业朝着正确的方向发展,在满足当代人的生活追求的同时,又为后代保持良好的生态环境和丰富的自然资源,在取得社会效益、经济效益的同时,又获得最大的生态效益、环境效益,实现经济社会的可持续发展。在此前提下,有必要认真地研究对策,并付诸执行。当前生态旅游业存在的问题,集中到一点,就是对旅游地区的生态环境造成

严重破坏。但产生的原因却是多方面的，涉及经济、社会、管理、教育等诸因素，因此，不能就环境论环境，而要综观各种因素，正确认识和处理好以下四个关系。

（1）生态旅游业和其他产业的关系

旅游业（包括生态旅游业）与其他产业之间存在着互相联系、互相促进、互相制约的关系。旅游业已被公认为全球最富有生机的朝阳产业之一，并对其他产业产生极大的带动作用。

（2）生态旅游资源保护和开发的关系

在发展生态旅游业的过程中，在生态旅游资源的保护和开发的问题上，政府一定要发挥主导作用。首先，要坚决执行有关的法律法规，切实保护好生态环境；其次，对差的生态环境还要进行改造、治理，如种草植树、整治河道、改造林相、绿化荒山，等等，恢复良好的生态系统，使生态旅游有更大的空间，努力营造适于生态旅游的大环境，并成为生态旅游的有机组成部分。再次，对点上的开发，在微观上可以放开搞活，运用市场机制，努力吸引人才及外地的资金、技术投入到景点、生态园、度假村、农庄以及饭店、宾馆、交通、等配套设施的建设上。对每个景点的开发都要进行可行性分析，抓好规划；所有建筑布局都必须以保护和提高生态环境质量为前提，所有建筑的风格，保持自然的、乡野的特色，减少人工的雕琢，都要与环境相协调。要和大自然融为一体，符合生态旅游回归自然、认识自然、享受自然、保护自然的原则。着力打造生态旅游的精品，创建名牌、上档次、上规模，“不求最多，但求最好”。

（3）生态旅游的优质服务与环保措施的关系

生态旅游与普通观光旅游的区别，是要让游客认识自然、回归自然、保护自然、享受自然，让游客置身于满目翠绿、山清水秀和空气清新的大自然之中，暂时逃离都市的拥挤与喧闹，尽情体味大自然所赋予的和谐与宁静。在这过程中，使心理得以放松，精神得以满足，身体得以健康，增长对自然的认识，并自觉地保护自然，维护生态平衡。因此，为游客提供优质服务，应以最大限度地保护自然，维护生态平衡，为游客提供一个优美的自然环境，帮助游客认识自然、参与保护自然为标准。这样，才能在发展生态旅游的同时，又不破坏生态环境，并形成良性循环，实现可持续发展。

（4）旅游部门与其他部门的关系

根据现代经济理论，各个部门的横向联合，能够有效地、迅速地提高生产力，促进经济更快发展。因此，要搞好生态旅游，必须在政府的主导下，在旅游部门的牵头协调下，实行横向联合，共同努力，对生态旅游资源进行包装整合，营造良好的内外环境，按生态旅游的要求，为游客提供优质的服务，才能使生态旅游业健康发展。

67. 农村生态旅游对农村经济发展的积极作用有哪些？

答：常年生活在喧嚣拥挤的城市中的人们，竞争激烈，生活节奏紧张。他们希望能够返璞归真，到洁净、幽美、静谧、开阔的环境中放松身心，去感悟大自然，考察生态，增长

阅历，这已经是社会发展的趋势。生态旅游正是人们回归大自然之旅。生态旅游不仅是利用自然资源供人们观赏，又是对自然环境进行保护的一种活动，也是维护当地居民正常安逸生活及对保持环境所承担义务的旅行。生态旅游是既能获得社会经济效益，又能促进生态保护的旅游活动和生态工程，它具有广泛的经济、文化意义。近年来，随着国家产业结构调整步伐加快，加速了以生态旅游业为主的第三产业的迅速发展，生态旅游业已逐渐发展成为第三产业龙头。产业规模、结构、体系不断提升，成为发展农村经济，扩大农民就业，增加农民收入的有效途径。目前，国家已明确把大力发展旅游业作为发展现代服务业、物流业，扩大内需、解决就业的一项重要工作积极推进。

农村旅游产业，归根结底是服务产业，是文化产业。没有以游客为上帝的服务精神，不易获得市场的认可，更难获得经济上的收益。因此，发展农村生态旅游，要培养农民的市场经济意识和服务观念。新农村建设最终是要走上城镇化的道路。发展农村生态旅游，需要加大农村基础设施的投入，改善农村环境，从而促进农村生活方式的变革和农村社会全面现代化。从新农村建设的起始阶段，就必须着眼农村城镇化。随着农村生态旅游的发展，农村劳动力转移到非农产业，加快了城镇化进程，而且农村生态旅游必然会带动人流、物流、资金流、信息流在城乡之间的汇融，起到加速农村市场的发育和拓展的作用，有利于农村产业聚集和城乡一体化发展。通过发展旅游可以充分利用农村旅游资源，调整和优化农村产业结构，拓宽农业功能，延长农业产

业链，发展农村生态旅游服务业，促进农民转移就业，增加农民收入，为新农村建设创造较好的经济基础。可以提高农村自然资源、人文资源，增加其价值。

农村生态旅游是促进传统农业向现代都市农业转型，鼓励农民转变观念，带动农村经济繁荣和发展的方式之一。农村生态旅游能够增加农民收入，不仅是农村第三产业的重要组成部分，也是一种新兴产业，它可以优化农村的就业结构和产业结构，有利于扩大农村的开放度和农村资源的可持续开发利用，使农民就地走向现代化，因而发展农村生态旅游是发展农村经济和建设新农村的有效途径之一。作为经济效益、社会效益、环境效益俱佳的产业形式，农村生态旅游具有广阔的发展空间，已经成为农村经济新的增长点，因此，发展农村生态旅游，对于农村发展，具有重要的现实意义与应用前景。

68. 农村生态旅游和农村生态环境保护之间有什么关系？

答：我国农村旅游的迅猛发展，在带来明显经济、社会效益的同时对农村生态环境的影响不容忽视。生态旅游从业各方必须共同努力，要保护和建设好农村生态环境，减少农村旅游对农村生态环境的负面影响，实现两者的良性互动及协调发展。农村旅游是立足于农村，利用农村自然、民俗民风、人文景观、农家生活和农耕文化等旅游资源，通过科学规划和开发设计，为游客提供观光、健身、休闲、娱乐、

体验、度假、教育等多项需求的旅游经营活动。没有良好的生态环境，农村旅游发展就会受到制约。农村生态环境是农村旅游的根基，而作为衍生物的农村旅游对农村生态环境的影响则是非常深远的，是两者关系中的最主要方面，也是应该关注的重点。

良好的生态环境是发展农村旅游的基础。乡村独有的人居环境、民俗民风、生活方式、田园风光和生产活动等城市所不具备的要素是农村旅游得以存在和发展的根本。大凡农村旅游都是在优越的乡村自然生态环境和丰富的人文生态景观地区发展起来的。

69. 农村生态旅游项目的BOT模式运作对新农村建设有什么样的战略性影响？

答：农村发展模式的转变，在于农村发展所具有的驱动力以及由此带来的在资源利用观念上的转变。农村生态旅游项目对新农村建设起着触媒的作用，成为农村发展的重要载体。当前，在“三农”问题急待解决的大背景下，应充分重视农村生态旅游项目的触媒作用，使农村实现由简单经济增长向和谐永续发展的方向转变。但是由于农村旅游业基础薄弱，旅游业的开发程度和产品水平与其旅游资源的丰富地位和重要作用不相对称，农村旅游经济效益不明显，这也是由许多因素造成的，其中一个重要原因是农村旅游项目开发资金不足，项目管理水平较差。因此，采用BOT的融资方式，可以有效地解决这个问题。另外，运用

BOT融资方式有利于减少政府的财政负担，避免了政府的债务风险。项目授权期满后，政府即可无偿地拥有此项目的经营权和所有权。同时由于有国外商业资本和私人资本的参与，可以提高项目的经营管理效率，从而带动相关项目经营管理水平和效率的提高。还能促进农民就业，增加农民收入，提高农民的整体素质，有利于农业产业结构调整，改善农村环境。

运用BOT模式进行农村生态旅游项目的推广，是普及生态教育、提高生态意识、增强生态保护自觉性的有效方式，有利于促进人与自然的和谐发展。

70. 如何认识农村生态旅游与新农村建设之间的关系?

答：农村生态旅游不仅成为人们回归自然的主要方式之一，而且在带动农民脱贫致富和增加收入，促进农村经济社会发展等方面都发挥了积极的作用。发展农村生态旅游可以代替部分资源消耗大、污染重的传统产业，从而减轻污染排放，减少生态破坏，实现农村经济可持续发展。建设和谐、小康社会主义新农村，也离不开发展农村生产力。新农村建设首先是经济发展，而新农村发展关键还是要靠发展农业，只有发展高科技农业，农村经济才会有较大的发展。在新农村建设中还可以发展一些无污染、低污染的项目，发展生态旅游具有广阔的前景，但在发展生态旅游的同时要注重管理，这样才能减少环境污染的危害。

旅游业也并非绝对的“无烟”工业，有些地方农村生态旅游开发缺乏系统的规划，有的规划缺乏科学的理念，不遵循自然规律，大建人造景点，破坏了自然景观和生态系统，违背了生态旅游发展的本质；有些地方农村生态旅游管理和监督不到位、不规范，大批旅游者和旅游交通工具短时间内集中涌入，超过了旅游区的环境容量，乡村生态资源和环境受到破坏和污染。所以地方政府要在农村生态旅游发展中充当好指导角色。地方政府要对本地生态旅游资源进行认真的调查和评估，对资源开发的时序、方式、规模进行严格规定，例如新农村建设的试点就要尽量远离生态脆弱区和资源储备区。因此，地方政府同时是生态环境的保护者。农村生态旅游已成为21世纪世界旅游的发展方向，发展农村生态旅游产业有利于自然文化资源和生态环境的永续利用。地方政府还应充当生态文化的传播者。农村生态旅游利用的是城市与农村的差异，用农村文化吸引城市人，也只有利用农村民俗、民间文艺、民间文学才能造就农村旅游的概念和特点，传承和保留地域间的差别。农村旅游有特定的市场，它最大的市场是对城市精神生活的弥补，因此，在社会主义新农村建设规划上，一定要反对搞过度城市化、园林化，特别反对搞过度城市型园林化，要提倡尽量做到农村旅游和农业生产同步、雷同发展和特色发展同步、个体经营与整体提升同步。农村生态旅游作为“大农业”和“大旅游”结合的产物，在推进现代化农业和旅游发展的同时，也是新农村建设不可缺失的一部分。

71. 新农村生态旅游的具体规划措施有哪些?

答:在发展生态旅游及新农村建设的大背景下,生态农业旅游正在成为新的旅游热点。生态农业旅游是顺应城乡消费需求,充分挖掘利用农业生态、农村生活中能够供给旅游活动的一种旅游产业形式。它是将农业生产活动、自然景观欣赏和农业科普教育融为一体,将自然生态农业与农村旅游业有机融合的一种新的旅游形式。生态农业旅游和传统乡村旅游相比具有很大的差异,它也有别于休闲旅游业,它的特点是立足农村农业生活、生产,遵循农业的循环利用开发功能,积极发挥生态农业的旅游产业功能,将农业生产、生活与生态三位一体的形式和内涵充分体现。在经营形式上,它将产、供、销及服务等产业内容全面融合,在为广大农民提供大量就业岗位的同时,也进一步推动了社会主义新农村的建设。

生态旅游可以通过区位优势、资源优势、基础优势、政策优势规划发展条件。以人为本,有效兼顾社会效益、经济效益与环境效益,着意刻画优美的农村生态环境,积极塑造景观自然优美、生活舒适便捷、环境卫生安全的优良农村生态栖息之地。在合理规划建设各类建筑物的同时,使建筑整体布局与当地居民和游客的活动之间的关系体现出和谐的韵律感,构建符合人性化的空间环境,在错落有序中力求景观变化,着力体现空间序列之美。将乡村道路空间、景区街道步行空间、景点旅游空间和公共基础设施空间融合在

一起，创造出多样性、连续性的空间体系，形成“依山、滨水、绿脉、宜人”为核心要素的理念。

在发展农村生态旅游过程中，可以通过以下几个方面进行规划布局。

（1）房屋建筑规划

建筑布局强调空间可塑造性，通过建筑单体的造型和空间限定，结合户外绿化环境设计，建筑单体要具有地方特色，色彩要清新淡雅，创造具有人情味的居住环境。

（2）公共服务设施规划

公共服务设施的设置，结合整个规划区建设的情况，以符合居民的活动规律和日常使用为原则，适应家务劳动的社会化趋势和市场需求。

（3）交通体系规划

将整体性与景观性相结合，形成地形特点与空间布局的和谐统一，通过相互连贯加强内外交通的便利，着力创造能够实现人车分流的人性化道路系统。在道路设计的过程中，能够让其与整个规划设计相结合，形成有机统一的整体。在设计中，要强调交通设计的景观欣赏效应，能够在空间变化的同时，亦有外部空间景观的欣赏和变化。整体道路交通系统尽量以车行和系统为主导，屋间道路和步行道路统一规划，使其能够有机结合，又自成体系。

（4）客运站与停车场规划

静态交通规划也是规划设计的重要方面，为适应小汽车的日益增长，应充分安排停车场（库）。

72. 在新农村建设中开发蚕桑产业生态旅游的意义及方式有哪些?

答:新农村建设中在桑蚕养殖的地域可以开发桑蚕产业的生态旅游产业。因为蚕桑产业除了有一定的经济收益之外,它还具备其他的一些社会功能,包括积极的生态运动功能、良好的景观欣赏功能、愉悦的休闲功能、独特的观光功能、一定的教育功能和科普功能等。其中自然也蕴含了相当丰富的生态旅游价值,它也正日益在受到人们的关注和重视。积极开发蚕桑业生态旅游,对促进新农村建设具有非常重要的社会意义,具体表现在:①开发蚕桑生态旅游业也是农村地区产业结构进行调整、扩大农村居民就业的重要途径;②旅游业是新农村建设的富民产业,有助于实现"绿色扶贫";③开发蚕桑生态旅游业有利于传播蚕文化,促进文明乡风的形成;④开发蚕桑生态旅游有利于保护环境,形成整洁村容。

在开发和建设桑蚕生态旅游产业过程中,应建立健全蚕桑业生态旅游管理机制,为了防止"蚕桑业生态旅游"流于形式,成为概念炒作,保证蚕桑业生态旅游市场的正常运转,需要建立一个健全的管理机制;树立创造品牌意识,因地制宜,建设精品项目,各地在开发过程中,以创新的理念、求新的思维,结合实际,研究特色,打造品牌;开发多元旅游模式,挖掘多种功能,开发过程中要转变采桑葚、观养蚕等单一的观光模式,将休闲、娱乐、文化等模式加入生态旅游

产品设计中；建立网上营销平台，拓宽销售渠道，由于生态旅游产品的异地性、不可贮藏性、无形性等特点，适宜于在网络上开展电子商务活动。

73. 在新农村建设中开发花果产业生态旅游的意义及对策有哪些？

答：在农村生态旅游开发中，花果产业生态旅游已成一种重要发展趋势和特色产业。

花果生态旅游建设是农村生态旅游开发的新举措，它具有鲜明特点：一是春花秋果，四季飘香，枝叶繁茂，树姿优美，富有园林情趣，能够增加并体现出自身的生态旅游观赏价值；二是花果旅游开发可以多层次利用空间，实现立体结果，增加了市场水果供应，繁荣了农村经济，在产生经济效益的同时也带来了良好的社会效益。花果旅游的开发，也可以改变农村面貌、美化农村环境，并陶冶人的性情。

农村花果种植的形式多种多样，应依据结构特点、环境条件和花果生物学特性进行合理布局与规划。可以考虑在主要道路两侧栽植冠幅较大的果树，在次要道路两旁栽植冠幅中等的果树，在农户通往院门的通道点缀树冠较大的果树，以突出门户。在院落中通往正房的甬道和正房前配置攀缘式花果树木，在通道以外的庭院内栽植高档次的不同成熟期的各种花果蔬菜等。

发展花果旅游开发的重点一是需要政府统一规划，统一供苗，统一定植，统一技术指导，建立岗位负责制；二是需

要广泛筹集资金，发展多种方式的经营模式来促进花果生态旅游产业的可持续发展。

74. 如何设计农村生态旅游景观?

答：农村生态景观是指在我国农村广大居民以农业生产为生活基础的地区，由农村特色的生产生活形态和文化特征而形成的一种复合型景观，它不仅仅包含农业生产和农村的生活交织而成的农业景观，而且还包括由于历史文化的传承而展示出来的农业景观（如晒、挂农作物的场景等）以及农业、自然、生活和文化等内容融合而形成的农业景观。

只有在不违反自然规律、国家相关政策以及法律法规的前提下才能对有必要加以改造的景观重新进行规划和设计。整治、重新设计和造景，是在科学规划前提下借助现代科技对现有景观或潜在的旅游景观资源进行艺术加工和改造、重新布局并创建新的景观，是一种新创作和新构想。对农村生态景观进行治理，就是要对现有景观和生态环境进行优化改造和清理，去除其中的不良景观与对整体景观的欣赏有所阻碍和有副作用的景观，通过现有景观美化、改造、亮化和添设建造新景，使之成为更加亮丽的风景点。在对农村景观进行治理和整治的过程中，在保证治理对象满足其基本的社会功能的前提下，又要尽力满足游客对其功能的使用和审美、欣赏等要求；对现有的旅游景观，必要时可以考虑对其进行合理设计并适当包装，努力将其打造成为旅游活动产品中的精品和名牌。

进行农村景观设计，其最终目的有两个：一个是通过合理规划，进一步美化农村生态环境；另一个目的就是通过改造来满足游客要求，从而发展农村生态旅游业。在景观设计过程中，设计者不仅要重点保护固有景观，还要培育出本地区的特性景观，这就要求要有所创造。着力通过科学设计和合理开发将具有发展潜力的农村景观和现有旅游资源结合起来，把它们加工改造成更加富有魅力的生态旅游景观，最终打造成农村旅游品牌或重要旅游吸引物。在景观设计中，有一些需要共同考虑的东西如拟建物体的位置、布局、造型、配套设施和周边景观与环境等，其中尤其要考虑规划用地的规模和拟建物的规模与布局、造型、色彩和质材。

在景观设计时，在自然景观方面，可以采用造园艺术和借鉴日本的一些做法。在人文景观方面，由于它具有一定的历史价值或建筑艺术价值，究竟应如何进行改造要根据具体情况而定。对于建筑类景观（如名人故居、寺院等），颜色脱落的应补色或全部重新上色，部分损毁的应加以修补，毁坏严重的应重新规划设计和重建，已经消失了的可以考虑重建，但必须做到修旧如旧，无论是建筑色彩还是建筑材料等都应仿旧或照旧，并注意其安全性和耐用性。在农业景观方面，主要涉及农田景观和农耕文化。对于这类景观（农田景观、梯田景观、山间种植景观等），可以从农作物方面做文章，根据农作物以及花卉的种类、颜色（包括枝叶、花卉和果实的颜色）、生长期以及躯干的大小高低等进行合理配置，力求做到“时时有景，处处是景，景随人变，人随景动”。

75. 在新农村建设背景下对乡村旅游从业人员进行培训有什么意义？

答：乡村旅游已成为国内旅游市场的一个重要组成部分，其发展迅速、前景广阔。然而随着其快速发展，也带来了许多问题。旅游从业人员的技术水平和服务态度是旅游业的窗口，代表了旅游景区的形象。因此，要加快乡村旅游经济的发展、提高乡村旅游的形象，就必须加强对乡村旅游从业人员的教育培训。

（1）加强乡村旅游从业人员的教育培训是农村旅游经济可持续发展的需要

乡村旅游景区从业人员以未受过专业培训的农民为主，素质普遍不高，而且景区中的有些小商小贩素质较差，经常会出现一些宰客的现象。这种现象会阻碍乡村旅游的可持续发展。

（2）加强乡村旅游从业人员的教育培训是发展农村经济、建设和谐社会的需要

提高广大农民群众的科技文化素质是加快农村经济建设最根本的手段。农村劳动者的科学文化素质和技能水平的高低不仅影响着农村经济发展速度的快慢，而且也决定了收入的高低。提高农民的科学文化素质，能够加强农民应用科技成果的能力，降低投入产出的比率，增加农民的收入，进而缩短城乡居民收入的差距，有利于建设和谐社会。

(3) 加强乡村旅游从业人员的教育培训,提高旅游从业者综合素质,是培育新型农民的需要

乡村旅游从业者以当地农民为主。培训高素质的新型农民是新农村建设的关键。通过培训,能够使村民充分认识到乡村旅游可持续发展的关键在于他们对自己文化价值的新认识,使他们最终成为自己文化的主动传承者和保护者;通过培训,可以提高村民的环保意识,使村民认识到只有洁净优美的环境才能吸引游客;通过培训,还可以提高整体的接待服务水平。

(4) 加强乡村旅游从业人员的教育培训是实现农村富余劳动力就地转移的需要

相关数据表明,农业生产所需劳动力大大低于农村劳动力的供给。要实现农村富余劳动力的转移,农民的素质问题是其中最大的障碍因素。所以加强乡村旅游从业人员的素质培训,提高农民非农业技能,是统筹城乡社会发展、增加农民收入的可靠与有效途径。

76. 发展农村旅游职业教育有何意义?

答:生态旅游业的发展必须具备三个方面的要素:首先是旅游吸引要素,也就是旅游资源,它是发展旅游业的前提及客观条件;其次是旅游服务要素,优质和具有鲜明特色的服务可以转化为旅游吸引要素,能够增加旅游目的地的吸引力;最后是环境要素,环境要素不仅包括自然环境、景观建设,还包括旅游目的地的社会文明程度、当地居民对旅

游者的态度。

加大职业教育投入是培养农村旅游管理人才、提高农民文明素质的重要途径，发展农村生态旅游必须优先发展农村旅游职业培训教育。为了农村旅游业的持续发展，大批合格旅游从业人才的培养，大大提高从业农民的素质和技能，力求促进农民居民稳定就业，就必须大力发展农村旅游职业教育。生态旅游业是一个变化很快的行业，旅游从业人员的观念、知识和技能要适应行业的变化。要不断进取，树立终身学习的思想。农村旅游产业开发和发展是促进农村经济社会发展的重要途径。农村旅游职业教育的发展必然能够为农村旅游业提供源源不断的人才和智力支持，是农村旅游良性发展的不竭动力。

77. 提高农村生态旅游从业人员培训质量的途径有哪些？

答：进行农村生态旅游开发，需要对农村生态旅游从业人员进行培训教育，以使其能够胜任农村生态旅游发展的要求。对从业者而言，培训质量的高低直接影响到旅游从业人员的从业素质、职业技能，进而影响到当地旅游形象、旅游经济的发展。

可以从以下几方面采取相关措施来达到提高培训质量的目的。

首先，通过调查分析农村旅游从业人员培训需求，确定培训目标。农村生态旅游从业人员培训的目标，就是要通

过旅游知识和旅游技能培训，培养出一批觉悟高、文化深、懂经营、善管理，具有创新精神的旅游管理、旅游接待、旅游营销人员，为丰富农村旅游产品、加快农村生态旅游经济发展提供人力资源基础。

其次，加强“双师”型师资队伍建设，为教育培训工作提供教学保障。旅游从业人员培训中教师的来源有三种：一是各旅游培训机构中的培训导师。他们深谙本行业的实际情况，多年的培训经验使他们的培训更具有有针对性。二是可以从高等院校、职业院校等机构聘请兼职的从事旅游专业教学的专业教师。此类人员专业理论知识一般比较深厚，对旅游领域的进展和发展趋势通常有自己独到的见解和行业预知能力，然而由于少有实践且少有机会去现场进行实际操作，所以缺乏一定的实践经验，对农村旅游业的实际矛盾和深入的东西缺少了解和分析。三是来自旅游行业管理部门的管理人员和优秀旅游企业的优秀管理人员，由于他们常年工作在旅游行业的第一线，对从业人员在日常工作中所碰到的矛盾和问题相对有一个比较深入的了解，同时，行业的历练让他们又有着自己在工作实践中所摸索出的管理及服务经验，这也正是他们从事教学的优势所在，教学过程中比较容易把理论与实际相结合，可以提供“拿来就能用”的知识，但这类培训师对旅游管理理论知识的研究较缺乏。在培训师资建设中，应取各类师资所长，全面加强既有高水平的理论知识，又有实践经验的“双师”型培训师资队伍建设。

再次，通过创新教学方法，达到增强培训效果的目的。

对农村旅游从业人员的培训，教师应开展互动式教学，注意授课形式，结合工作实际讲述自己的观点，让学员参与到话题讨论中来，让大家在探讨中学习。这样，既有利于提高学员的学习兴趣，又有利于激发学员深入探究的欲望。

最后，通过建立农村旅游从业人员的培训机构和培训体系，更好地为农村从业人员的培训工作顺利实施提供有力的保证。

78. 如何进行我国农村旅游文化资源的开发与保护？

答：开发农村文化生态旅游资源的目的，是为了巩固、改善和提高农村文化旅游资源的吸引力。开发是手段，而利用则是目的。因此，在旅游文化资源开发过程中，应遵循以下一些原则。

（1）独特性开发原则

独特性在农村旅游文化资源开发的过程中具有非常重要的指导意义，只有设法将自身所拥有的独特文化和景观展现出来，才能让广大的游客满意和认可。也只有稀有旅游资源，才能在质量上显现独特性，这也正是当地旅游资源能够吸引游客的根本魅力和潜力所在。只有有目的地突出自身的独特性，对当地旅游的发展才具有十分重要的意义。

（2）保护性开发原则

进行农村旅游资源的开发的目的，就是为了利用这些旅游资源为农村经济的可持续发展服务。所以旅游资源的

保护性开发，既要体现在开发的工程建设阶段，也要体现在后期的运行阶段。

（3）经济效益、社会效益和环境效益相统一的原则

开发农村旅游资源的根本目的就是发展农村旅游业，从而达到发展当地经济、解决当地居民的就业等问题，进而也实现一定的经济效益。

（4）总体规划原则

开发农村旅游资源是为了促成农村旅游资源向旅游产品的转变，使农村旅游资源成为能够推动地方经济发展和社会进步的一个重要支点。总体规划在突出作为自己形象的重点旅游资源的同时，对其他各类农村旅游资源也要根据情况逐步进行开发。

只有通过对农村旅游的现有资源进行严谨认真的研究和规划，才可能做到将环境的危害降低到最小。为了更加合理科学地开发利用当地农村旅游资源，有必要做好当地环境资源的保护工作。

可以通过一些方式来达到对农村旅游文化资源的保护：①通过农村旅游景区的开发建设与文化品位的提升来达到保护目的；②发展农村生态旅游可以成为保护农村旅游文化资源的一种重要的手段；③坚持以保护为主，保护、开发、利用相统一的原则；④通过完善配套改革及其政策措施来保护生态旅游文化资源。

79. 农村旅游度假区开发的问题及其对策有哪些?

答:旅游度假区虽然经过多年的规划、建设和发展,取得了一定的成绩和效果,但还存在一些有待解决和改善的问题,主要有:①在总体规划和建设中,对解决"三农"问题作为工作重点认识不足,缺乏城乡经济发展统筹安排。②对旅游市场客源定位不准,缺乏竞争优势,项目设施偏高档、豪华,造成资源、资金闲置和浪费。③旅游主题和形象不和谐,旅游度假区文化意识不强。④有些度假区名不副实,出现房地产化和城市化。⑤度假区的全面开发造成资金需求缺口增大,招商引资步履维艰。

为了让旅游度假区有一个良性持续的发展,需要采取以下措施来应对:①应以解决"三农"问题为开发度假区工作要点。重视旅游与当地发展之间的关系,在确定发展旅游度假经济的同时,重视当地社会、经济、文化、环境协调发展而形成一个整体。同时,增强农业与旅游度假区密切关系,实现协调和共同发展,从而提高农民收入。②应严格限制旅游度假区发展数量。尽量增加大众化设施的旅游项目开发,放缓开发高档设施和豪华旅游项目。③调整度假区旅游客源定位,改善旅游产品结构。应以国内旅游者为主要定位对象,并且要以满足大众化旅游消费群体为主,兼顾高消费游客,逐步争取国外度假旅游客源。适当保留、调整、营造一些高档度假设施,以"中低档为主,兼顾高档"为

原则。④凸显度假区主题形象，营造多元化旅游度假项目。⑤ 加强环境保护，促进旅游度假区可持续发展。在发展旅游度假与保护生态环境中，应遵循旅游与环境良性互动原则，即合理规划、综合决策、协调发展、保护优先，在开发中保护，在保护中开发。

80. 发展农村生态旅游的措施有哪些？

答：为了促进农村生态旅游健康、合理、有序发展，建设生态、文化、休闲、度假旅游新景点，发展农村生态旅游，可以从以下一些方面进行组织和发展。

(1) 精心规划，促进乡村生态旅游产业有效开发

首先需要因地制宜，注重考虑农村生态旅游规划的整体性和连续性，突出地域优势，抓住开发重点，分步实施旅游规划。尽力避免盲目发展，一哄而上，急于求成。其次，要在充分考虑到当地的自然特色和文化特性的前提下，科学规划、合理布局、量力而行、有序推进、逐步完善。最后，要切实落实规划，加大政府导向性投入，积极招商引资或调动当地农民的发展积极性，多方筹集投入资金，推动旅游开发和建设。

(2) 提高认识，加快农村生态旅游产业健康发展

农村生态旅游业是一个综合性产业，它涵盖一、二、三产业，具有拉动投资和消费的双重经济效应。它能够刺激经济增长，解决就业等社会问题，是发展生态经济最直接、最有效的产业突破口和结合点。此外，生态旅游业又是一

个系统工程，需要社会各部门、各行业大力配合支持。因此，需要加强生态旅游宣传和引导，形成全社会都支持生态旅游业发展的良好氛围，推动农村生态旅游产业持续、快速、健康发展。

（3）突出特色，发挥丰富多样的农村生态旅游资源优势

一要突出当地农村自然景观的特有优势，引导游客领略独特的田园风光、山水景观，满足游客旅游审美的需求；二要突出当地农村的传统文化优势，充分挖掘当地旅游资源的文化内涵，满足游客物质和精神享受的双重需求；三要突出体现地方特色，满足游客对本地乡村文化的了解、感受和体验，增强农村旅游的吸引力。

（4）规范服务，努力提高农村生态旅游服务的质量和水平

一要建立健全规范的农村生态旅游接待服务体系，努力提高农村生态旅游的综合服务质量和水平；二要严格规范农户家庭的接待服务标准，从接待设施、接待条件、卫生状况和接待能力等多个方面进行规范和指导，从而提高农户家庭接待的服务标准，并能使其达到和保持一定的水平；三要在农村生态环境整治和维持、社会治安状况等方面加大工作力度，尽力营造良好整洁的村容村貌，树立良好的村风文明氛围，为旅游者提供心情愉悦、环境舒适、人身财产安全的旅游环境。

（5）培育人才，切实抓好农村生态旅游的宣传促销工作

在发展农村生态旅游的过程中，要加强和有关高等院校、培训中心的联系，积极培养农村生态旅游经营管理、服

务人员。同时要充分借助广播、电视、报刊等新闻媒体和现代信息技术，加大宣传促销的深度、广度和力度，不断提高旅游点的知名度和吸引力。

(6) 加快旅游环境建设，提高关口旅游业整体形象

一是加快以公路、通讯、电力为主的基础设施建设；二是加快旅游配套服务设施建设；三是结合实际，重点抓好特色农副产品等旅游食品深度开发。同时，立足关口资源优势，开发具有地方特色旅游纪念品，提高生态旅游商品竞争力和吸引力。

(7) 加强行业管理，坚持依法治旅

一是加强生态旅游产业开发制度建设，促使旅游业走“开发中保护、保护中开发”这一健康、可持续发展的道路；二是依照有关政策、法律法规妥善处理和协调旅游产业投资经营者和当地群众之间的矛盾；三是做好旅游市场整顿和规范工作，严厉打击欺客宰客等违法行为，创建生态旅游业良好外部环境；四是加强涉旅安全工作，强化安全意识，落实安全生产责任制，营造良好的旅游安全氛围，促进旅游业健康发展。

(8) 加强管理，促进农村生态旅游的可持续发展

要把农村生态旅游的可持续发展和当地的生态环境保护统一起来。着力做好农村居民房屋内外的美化和绿化工作，对已经遭到损坏的自然环境采取必要和切实可行的手段进行恢复和治理，最终营造和大自然融合统一的人文美景和田园风光，做到保护和开发并重，实现合理开发和有效利用，从而吸引更多的游客来本地旅游观光。

81. 提高农村生态旅游竞争力有哪些战略?

答:随着农村生态旅游竞争的日益加剧,如何提高农村生态旅游竞争力将成为一个热议的话题,而竞争的战略选择必将成为竞争成功的关键因素。为了提高自身的竞争力,可以从以下方面进行战略布局。

(1) 合理利用旅游资源,建立并完善设施配套、服务配套、管理配套体系

要转变观念,注重开发观赏实用型科研项目。科研和旅游管理人员应加强沟通,开发人们喜爱的、既具观赏价值又有实用价值的旅游科研项目。此外,应不断更换作物品种及变换栽培方式以满足游客的欣赏要求,不断推出新的旅游服务项目。要重视管理,提高旅游服务质量。

(2) 将旅游产业进行延伸,建立“旅—农—工—贸”联动发展模式

首先,发展第三产业,着力兴建农村旅游设施、商业设施、文化娱乐设施,解决旅游者的“食、行、住、购、游、娱”六大问题;其次,合理发展第一产业,兴建农副产品基地和农业观光基地;再次,发展第二产业,对当地土特产资源进行深加工、精加工,力求上规模、上档次,丰富农业产业化内容;此外,还要发挥旅游活动对旅游产业和经济发展的牵线搭桥作用。

(3) 建立生态旅游科研基地,提高科技含量,走科技园林之路

首先,对科研基地的环境进行全方位、大规模的绿化、净化和美化;其次,增建一些为旅游者服务的配套设施,如农产品展销厅、农具展示厅等;再次,对科研实验设施及生产大棚进行合理改造,以满足旅游需要;此外,穿插一些参与性强的项目和休闲娱乐设施,如钓鱼走廊、烧烤及组培实验、装盆栽花等项目。

82. 农村生态旅游产业集群战略发展模式有什么优势?

答:农村生态旅游资源的状况是决定农村生态旅游业发展的重要因素。可通过对农村旅游资源的开发,形成旅游产业吸引物,从而达到吸引游客的目的。

产业集群是指在某个领域内大量关系密切的企业与相关机构在空间上集聚的现象。第一,以集群模式发展农村旅游时,可将旅游区域分成农村风光、民俗活动中心、农村旅游服务企业和农村旅游支持机构,并且由不同的单位来经营管理,如:农田、果园可以由不同的企业来经营。旅游产业集群模式可避免行业垄断,能够促进竞争,容易形成规模效应和集群内部产业链的延长与完善。第二,在旅游景区内成立为景区服务的管理机构。例如,成立培训部门、协会,对园区内的企业进行管理。对经营好的企业给予表扬,并定期进行公示,而对违规经营、欺骗游客的行为,以及服

务质量差的企业进行曝光，以此来促进企业健康经营。第三，成立农村旅游服务企业。如餐饮、民居住宿、交通服务以及旅行社等。

以产业集群模式发展农村生态旅游具有以下几方面优势。

(1) 能够产生外部经济效应

如：到农村采摘水果的游客，也可能会给民俗表演和住宿等带来客源；同样，到农村主要来看乡村民俗表演的游客，也可能会给餐饮、果园等相关企业带来客源。

(2) 能够获得成本优势

产业集群模式可以共同利用各种基础设施、公共信息资源和服务设施进行经营管理，从而大大节约旅游经营成本。

(3) 能够产生学习、创新能力和溢出效应

激烈的竞争可以促使企业具有更强的自我创新意识，不断进行管理创新、制度创新。例如，产业集群内某一企业进行某些创新，并提高了企业效益，将会很快被集群内的其他企业所效仿，从而达到整体竞争力的提升。

83. 国外农村旅游发展模式与经验对发展我国农村生态旅游业有什么借鉴？

答：20 世纪 50 年代，国外出现了集生产、游乐、观光于一体的大型综合性观光农场。以日本饭山市为例，他们的旅游项目主要有观光农业、体验农业、游乐农业和民俗农

业。所谓的观光农业,通常是农民准备资料介绍自己的产品品种、生产过程及肥料使用、防治病虫害的方法等。体验农业则包含农村生活方式的体验和专门针对中小学生的农业劳动体验。如,在林间空隙修建小木屋,进行农舍旅游接待。游客可以在农舍内做农家饭、干农家活等;再比如,学生游客可以参加种植、采集、编织、加工等各项农业活动。

中国目前的“农家乐”,基本就是尝尝农家饭、打打麻将和看看田园风光,形式比较单一,体现农村文化内涵的活动比较匮乏。因此,在今后的开发过程中,首先要力求农村旅游产品的多元化。其次,因地制宜,突出地方特色,旅游开发重在发展旅游资源独特性。如,阿根廷庄园主利用地理优势开展别具特色的登山探险、水上项目等。或者,深挖当地所具有的文化内涵,增强游客旅游体验。无论是庄园游、酒庄游、遗产廊道游等无一不可在挖掘文化内涵上下工夫。

84. 在农村生态旅游活动中导游应具备哪些方面的素质?

答:要成为一名合格的导游首先要了解游客心理需求,这样才能提供相应服务,做到知己知彼。城市游客出游的心态,可以归纳为以下几种类型。

(1) 缓解压力型

在城市里,随着竞争日益激烈、生活节奏加快和物欲膨胀,生命之弦紧张不弛,“心累”成为现代人的通病,并且许多人长期处在“亚健康”状态。因此,导游应选择轻松的话

题，以风趣幽默的讲解令其开怀大笑。

(2) 回归自然型

随着都市化、城镇化建设的加速，不少城里人开始逐渐厌倦喧闹的氛围，渴望去感受大自然的真山真水真情，返璞归真。因此，导游要了解古今中外有关生态环境伦理的观点，便于“化景物为情思”和“借物抒情”，向旅游者传递富有价值的旅游审美信息。

(3) 民俗观赏型

有相当一部分城市人试图到乡野采风问俗，寻找带着泥土、俚俗味和魅力独特的文化，在享受农家风情时，获得一种全新的印象或勾起一段遥远的记忆。这就要求导游详尽了解目的地有关服饰、饮食、农耕和居住等方面的物质民俗，以及岁时节令、人生礼仪、节庆游艺等方面的社会民俗，并弄清其寓意和程式，到时便能言传身教，提高游客的积极情绪，提高游客的满意度。

(4) 取经学习型

随着农村经济的蓬勃发展，许多下乡的团队带有考察、参观、学习和实践等目的。如，青少年通过走近乡村，感悟“须知盘中餐，粒粒皆辛苦”。乡村是青少年接受素质教育的第二课堂。因此，导游应能娴熟地介绍农事知识，并能作简单的农务示范。

(5) 收获品尝型

目前，很多人喜欢亲手采摘和亲自钓鱼。他们喜欢品尝收获的那番滋味和劳作过程的那种体验。这要求导游懂得并介绍采摘、获取技巧，懂得并传授有关产品质量优劣、

成熟程度的鉴别方法，要提醒注意劳动过程中可能出现的危险。

(6) 运动养生型

当今，许多人利用节假日休闲时光，到乡下散心、健身，或是漫步于田野中，达到运动养生之目的。导游最好能掌握一些健身养生的知识及方法，以便与客人进行交流。

在了解了游客的旅游心理需求后，自身就要努力提高自己的综合素质，增加导游解说的文化含量。为了提高自己的综合素质，可以从以下方面去提升自己。

(1) 从中国传统文化方面了解农村旅游的历史渊源

几千年来，中国人归隐山林或浪迹江湖的心理趋向是比较强烈的，从而也积淀成为了一种社会意识文化，影响着人们的价值观念、审美情趣、思维方式。

(2) 以科学的发展观认识乡村旅游的兴起

乡村旅游是应运而生的一种旅游形态，导游要将科学的发展观贯穿于导游解说之中。

(3) 吸收文学营养，增添导游解说的文采

中国自古以农业立国，所以拥有大量的以农村为背景、以农事、农家生活为题材的文学作品，在古代也形成了山水诗、田园诗、悯农诗等创作流派。导游如果能够重温这类文学作品，也定会为自己的导游解说增添不少灵感和风采。

(4) 尊重游客的审美习惯，准确传递审美信息

导游最重要的作用就是引领游客去发现美，一起欣赏美。

总之，导游只有努力提高自身的综合素质，深入了解旅

游者的心理需求，才能在旅游活动的服务中施展导游艺术，满足旅游者更高层次的需求。

85. 如何进行农村旅游特色餐饮开发？

答：民以食为天，饮食作为人们日常生活的基本构成部分，包含着丰富的习俗、礼仪和时尚等文化内容。对于许多旅游者而言，饮食文化有着强大的吸引力，这就意味着文化特征显著的餐饮产品就是一种独特的旅游资源。农村旅游特色餐饮的本质内涵主要是：其一，对大多数旅游者有一定的吸引力；其二，与满足旅游者的饮食需求有着直接或间接的关系。

由于地域、习俗和生态环境、气候存在差异，也就造就了各地独具特色的饮食口味、烹饪方法和技巧，从而形成了中国广袤大地上的形态各异的饮食习惯。然而，越是地方性的、越是具有民族特色的，也就越是全世界的。具体来说，在旅游餐饮开发中可以考虑以下几方面因素。

（1）原料要立足当地，保证绿色天然无污染

如在山溪、小河中自然生长的鱼虾，因生长在未受到污染的水域中，尤具纯天然“绿色食品”的特征。采用当地特有的原材料，就可充分体现野生、家养、粗种的特点。

（2）以民间菜和农家菜为主

对于那些喜欢返璞归真、钟爱回归自然的旅游者来说，品味这实实在在的农家菜是惬意的享受。因此，煮、煲、蒸和炖等做法为主的烹饪技法简单、做法简便的菜品易受到

旅游者的追捧。另一方面，菜肴应少用香料，注重本味。一般家常菜只需添加油、盐、酱、醋、料酒、蒜和生姜等，尽量保持食物的原汁原味，不受过多的烹饪程序所约束。

(3) 体现农村乡土主食特色

如米饭不应该是纯粹的大米饭，可以做成诸如“火腿豌豆焖饭”、“红薯(或南瓜) 焖饭”和“玉米粒焖饭”(俗称“金裹银”)，等等。

86. 环境教育对生态旅游有哪些积极意义？

答：保护环境让生态旅游持续发展得以实现，从而获取个人和地区的利益。反过来说，经由参与生态活动，可以获得个人和地区的经济利益，从而能够实现自然环境的保护。生态旅游涉及自然生态、经济发展、社会制度、技术革新等多方面的因素，影响到全人类文明行为选择的最高目标的发展。而这一目标的实现必须依赖环境教育。

(1) 环境教育是实现生态旅游保护性的前提

如果生态旅游的相关各方如当地居民、旅游开发商和旅游者不能在旅游活动中切实做好环境保护工作，其最终对生态环境的破坏将是不可弥补和修复的。为了加强对旅游地的资源保护，非常有必要对旅游开发商进行旅游地生态系统、生态的物质和能量流动过程以及当地的社会文化特征做一全面的教育和深入理解，并在实际开发中因地制宜地解决好生态旅游开发和生态旅游管理中的环境保护问题；只有当地居民、开发商和政府管理人员具有了足够的环

境意识和知识，才能较好地解决经济发展与环境保护的矛盾。生态旅游者环境保护的知识的具备和旅游活动中对生态系统保护的自觉性，都将依赖于环境教育活动的良好开展。

(2)环境教育是对人与环境关系的深层次解读

环境教育作为生态旅游自然性的一种高级形式，区别于其他自然旅游，生态旅游在于它在不破坏自然的基础上，以认识自然、理解自然和保护自然为自己的宗旨和实践方式，使生态旅游的自然性得到了某种升华。

(3) 环境教育是生态旅游教育性的实质体现

生态旅游中的教育功能是有意识地进行环境教育的必然结果。它不仅在客观上体现教育功能、产生教育结果，而且在主观上借助环境教育设施、经过周密设计可体现出一种自觉的环境教育活动。

(4) 环境教育是生态旅游精品性的保证

生态旅游通过环境教育这一产品，给生态旅游者带来知识、美感和参与的乐趣，提升了旅游者的旅游体验。而大众旅游对旅游者的素质没有任何要求(除了要求旅游者具备金钱和时间)，因而大众旅游产品通常是大批量和粗放型的。

87. 如何解决农村旅游发展中的土地利用问题？

答:农村土地合理利用是农村生态旅游业发展的前提，如果离开了土地的合理利用，就会失去发展的基础。不合理的土地利用会给自然环境、社会经济带来一系列问题，

影响到农村旅游的可持续发展。可以从以下几个方面解决农村旅游中的土地利用问题。

（1）做好农村发展规划，协调好农村旅游与农村土地利用的关系

为了解决好农村旅游发展中的土地利用问题，必须科学规划，通过应用景观生态学的理论知识和方法，对新农村建设中土地利用的各种问题进行整体规划与设计，使旅游区域的景观格局与当地自然环境生态和谐统一。

农村景观是指农村地域范围内不同土地单元镶嵌而成的嵌块体，包括果园、农田、牧场、农场、水域和村庄等生态系统。理想的农村景观应反映农村景观资源，提供农产品的第一性生产、保护和维持生态环境平衡及作为一种特殊的旅游观光资源等三方面的功能。农村景观规划就是要为人们创造高效、健康、安全、优美、舒适的环境，创造可持续发展的整体农村生态系统。

（2）完善土地利用政策，加强农村旅游土地管理

农村旅游发展必然对农村土地利用有农业用地结构调整、农业用地使用权的转移和土地的商业化等新的要求。因此，应进一步完善土地征用制度、土地利用政策和土地流转制度，保护农民的合法权益。

（3）加大土地整理力度，实施土地综合开发，丰富农业景观资源

农村旅游发展面临基础设施、农田、村庄和环境等一系列建设问题，在开发中彼此之间存在冲突和矛盾，因此，在建设中需统一协调。在一定区域内，按照土地利用规划和

城市规划确定的目标和用途，采用一定的工程技术手段，通过经济、行政、法律的优化组合，对土地利用做到最优化。

88. 政府如何在农村生态旅游营销过程中发挥作用?

答：农村旅游业在我国基本上是一个自发形成的产业，在农村旅游发展初期，政府直接介入的案例很少。由于农村旅游对于地区发展的重要性，当一个地区的农村旅游稍具规模后，当地政府往往会及时介入并发挥其重要作用。

目前农村旅游营销中仍存在着诸多问题。

首先，受其自身经营素质和经营意识的限制，销售渠道不够畅通甚至不通。在销售宣传方面，过多依赖管理部门，在经营不佳的状态下，由于自身素质和法制意识问题，自然也就出现了为保护本位利益而进行恶性竞争的现象。

其次，在当今的信息社会，营销人员往往还采用老套的手段并且形式单一，不能通过形式多样的手段和方法进行宣传和促销，另外，其自身主动宣传和参加集体促销的意识和要求也并不是很高。

最后，农村旅游景区大多处于偏远地区，经济发展和文化水平都不高，交通运输不便，生活基础设施落后，管理行为粗放，管理人才缺乏，最初发展旅游的简单动机就是为了获得经济利益，也很难拿出一笔资金用在农村旅游营销上。因此，这也就需要当地政府出面为农户提供资金支持和必要的培训指导。

对旅游目的地的宣传与推广，是旅游者了解农村旅游产品的主要方式。没有大力度的宣传与推广，旅游者很难深入了解农村旅游独具特色的山水田园和自然风貌。从目前来看，发展到营销主导时代的中国农村旅游业，必须用科学、先进的旅游市场营销来武装自己，从而促进农村旅游业迅速朝健康有序的轨道高速发展。

在营销农村生态旅游资源过程中，政府部门可以从以下方面发挥其积极影响力。

（1）政府主导，区域统筹，部门联动，创造优良的营销环境

宣传强化营销模式，积极开拓当地农村旅游客源市场。利用自身的外联优势和互动平台，直接面向客源市场推介当地特色鲜明的农村旅游产品，也可以为农村旅游客源建立服务窗口。

（2）提高政府支持力度

旅游主管部门和宣传主管部门在旅游产品推介上需要大力的配合，在宣传促销上加大人力、物力投入，把当地旅游产品的宣传工作作为其重要的职责内容，并在宣传过程中注重突出特色，打造当地优良品牌，做好农村旅游产品的策划和包装，形成对游客强势的吸引力；要把宣传活动与众多的旅游节庆活动相结合，制造轰动效应，提高宣传效果；要充分利用电台、电视台、报纸、网络等媒体，结合新农村生态资源开发的内容，开设特色专栏和节目，扩大宣传覆盖面，增强影响力，形成强大的舆论氛围。

(3) 政府要与时俱进，不断帮助农村居民创新旅游促销手段

农村旅游的健康和有序发展，依赖于政府发挥其主导性作用，尤其是在农村生态旅游资源市场营销方面，政府大有可为。政府应在遵循农村旅游市场发展规律的前提下切实转变职能，规范市场，合理引导，提高公共服务能力，为农村旅游创造一个良好的营销环境，促进农村旅游事业持续健康地发展。

89. 把古镇、古村落遗产旅游开发与新农村建设相结合有什么意义？

答：作为珍贵的历史文化遗产，古镇、古村落蕴藏着极为丰富的文化内涵和历史信息，其旅游价值极大地吸引着众多旅游者。它们多数坐落于乡村地区，古镇、古村旅游对其所在地区的经济、社会文化发展和自然环境保护有着一定的影响。在新农村建设中，需要把古镇、古村等的保护，古镇、古村落的旅游开发，与当地农村的建设规划相结合，需要把旅游景区的基础设施建设与农村基础设施建设进行统一规划，需要把旅游区环境改造整治和空间布局与周边乡村村容整治进行统一设计和整治，在当地古镇、古村落的旅游开发活动中，积极促进社区居民参与。

古镇、古村落传承了千年的文脉，因而成为现代人们竞相追求的精神家园，也成为许多旅游开发者的焦点。

(1) 古镇、古村落资源的旅游价值

每一个古镇、古村落都能反映特定年代的时代特征和文化氛围、物质生产和生活方式、思想观念、风俗习惯、社会风尚等。它所拥有的自然、社会景观及人居环境在选址布局上都十分讲究,山、水、天、地融为一体,是注重生活环境质量的人居环境。

古镇、古村落在社会经济发展中有着丰富的旅游价值,这也使得它们在经济领域中有着越来越重要的作用。以西递、宏村为例,其作为一个具有典型的传统特色的古村落,正是由于它保持了真实完整的乡村原始风貌,所以在 2000 年 11 月 30 日,《世界遗产名录》将其列入其中。

(2) 古镇、古村落遗产旅游的发展优势

古镇、古村落的资源优势给旅游带来了动力,也给新农村建设带来了发展契机。古镇一般都是乡镇经济、文化、交通中心,交通发展相对健全,它们都具有独特的历史风貌和文化古韵的特点。古村落多位于偏僻的乡村,大都是城市化进程和工业文明污染尚未到达之地,保持着比较原始的风貌。

(3) 古镇、古村落遗产旅游对新农村的建设影响是多方面的

首先,遗产旅游会给农村的发展带来一定的经济影响。作为具有强大的经济扶贫功能的旅游产业,它对促进当地农村经济快速增长,帮助农民脱贫致富方面有着非常重要的作用。在农村产业结构调整过程中,古镇、古村落遗产旅游产业在其中占有非常重要的一席之地。旅游业的蓬勃发

展在增加就业机会的同时，对提高新农村居民的生活水平和质量更是功不可没。

其次，在古镇、古村落遗产旅游产业的发展过程中，由于外来人员的相互交流，不同思想和文化的传播，自然会对当地新农村建设产生一定的社会文化影响。旅游产业的发展有利于文化的保护、传播和发展，也有利于将农村原本已日渐消逝的古老文明修复、重现并保存下来。在吸引了大量游客前来观光体验的同时，也对外传播了当地的传统文明。旅游业的发展也有利于提高当地居民的综合素质，能够增加当地居民的自豪感和责任感。

最后，随着遗产旅游业在新农村建设过程中的发展，农民既可从事旅游经营活动，也可以在旅游行业内部就业，这就使得他们在市场竞争中能自觉学习旅游产业知识、旅游服务技巧技能、旅游经营管理知识等。

90. 红色旅游与新农村建设为何能够产生耦合式发展模式?

答:在红色旅游资源富集的农村地区，在发展红色旅游业的同时也促进了新农村的建设，这样一种发展模式可以称之为耦合发展现象。红色旅游是以共产党自诞生之日起在民族抗击外敌入侵战争和人民解放战争时期的相关地域和标志性事件、物件等为事迹载体，以中国共产党的发展历史、革命战争事迹和人物活动、不屈不挠的革命乐观精神为内涵，使得年轻一代在学习、参观游览过程中，感知老一

辈革命者的伟大的牺牲精神和新生活来之不易的旅游活动。

我国新农村建设的最终目标就是使得广大农村能够在生产力发展的同时，农民生活富足富裕，道德风尚文明进步，农村环境整洁美丽，农村社会和谐民主。

红色旅游的发展和新农村建设的耦合现象产生的原因主要有以下几点。

(1) 新农村建设的重点与红色旅游资源在区域分布上的关联性是二者耦合式发展的物质基础

中国的红色革命历程走的是“农村包围城市”的道路，这也在很大程度上决定了我国的红色旅游资源的分布很大份额在农村地区。

(2) 红色旅游与新农村建设各自发展的需要是两者耦合式发展的动力机制

①红色旅游是实现新农村建设目标的重要举措。在实施社会主义新农村建设的战略中，农村发展主题目标与发展基础之间的矛盾日益突出：既要强调经济指标和生活宽裕，也要强调村容整洁和乡风文明，还要涉及管理民主。新农村建设的这种多目标性使得农业难以作为责任承担者；工业也难以作为这种责任的主要承担者。随着我国经济社会的发展，我国目前的情况是农村基础设施还很不完善，在此社会基础上，农村社会消费能力自然不强，当然更达不到第三产业发展所需要的经济规模要求。在这种现实状况下，可以通过发展旅游产业来吸引外来人口，从而带动农村第三产业发展。红色旅游发展与其他比较专业的旅游产业

相比，对基础设施的要求相对来说较低，因为旅游者来到红色旅游景区目的是接受革命传统教育和体验革命年代先辈们是如何在艰苦岁月中书写波澜壮阔的历史的。在我国农村旅游业蓬勃发展的过程中，红色景区旅游对带动我国农村第三产业的发展的积极作用已显现。广大农村地区在新农村建设过程中，应当结合各地实际在保持红色旅游主题的前提下实现农村红色旅游景区的综合开发和深度开发，使红色旅游与绿色的生态旅游交相辉映，人与自然和谐相处的发展主题也能得到很好凸现。

②新农村建设为红色旅游进一步发展提供了要素依托。首先，农村产业结构日益优化，丰富了旅游要素结构调整阶段，农村和农民正在分化：一类在农业区域分工的基础上走专业化、产业化道路；另一类则通过农村工业化走农村城镇化的道路，并逐渐与国家的工业化、城市化融为一体。其次，在新农村建设和发展的过程中，自身所特有的资源也得到了政府和当地居民的重视。我国广大的农村地区，在富集红色旅游资源的同时，其自身也具有美丽的自然生态、旖旎的田园风光、迷人的风情民俗等现代旅游资源。因此红色旅游是需要旅游行业重点支持的旅游对象，也是旅游业发展前进的后劲所在。再次，农村的红色精神和地域传统文化相融合，形成了红色精神与传统文化一脉相承的体系，并且深深地打上了地域文化的烙印，展现了历史文化的传承性和地域文化的独特性，这样一方面不仅实现了地域文化的提升与光大，更重要的是在于整合红色精神，提升旅游品位，在红色旅游跳出一般旅游产品的生命周期的同时，更

加拥有历久弥新的生命力。最后，新农村的建设使得在农村的基础设施建设得到加强的同时，交通、供水、供电、通讯、环境卫生等基础设施自然也得到了非常明显的改善。良好的生态自然环境，便利的交通道路，整洁美丽的村貌，更是促进红色旅游的重要保障。我国新农村的建设已经为红色旅游活动向农村边远地区延伸提供了更大的发展空间。

（3）国家在红色旅游发展和新农村建设中为其耦合式发展也提供了一定的政策支持

红色旅游资源富集的农村地区之所以能够和新农村建设产生耦合式发展的现象，也与国家的相关政策有着密切的关系，正是因为红色旅游能够促进新农村建设的背景存在，也就有了支持新农村建设的相关政策。生产发展、生活宽裕的新农村建设目标，也使得农村以红色旅游为主的专项旅游获得了更加有利的政策空间。

91. 旅游景区的开发如何与其周边农村社区协调发展？

答：旅游景区与其周边农村社区在社会、经济、文化及环境等方面存在着非常密切的关系，两者在旅游开发中可以形成一个相互促进、合理分工的有机整体。但如果存在缺乏合理规划、管理不完善、政府管理与政策滞后等原因，在发展旅游的过程中，就会出现景区与其外围农村社区发展不协调的问题。

在旅游景区与其周边社区关系的问题认知上，研究者

们有着基本一致的思想认知，即旅游景区的发展和社区居民生活的富裕和社会进步可以相辅相成。建立旅游景区，在改善当地的交通条件的同时，也加强了当地居民与外界社会的沟通；在提高当地景区知名度的同时，也给当地社会生态的社会认知提供了平台，积极推动了当地社会经济的快速发展。另一方面，景区的建设与发展也需要当地社区的支持和帮助。社区居民看待旅游业以及对旅游者的态度，对旅游业发展非常重要，这也为旅游专家、学者的研究和实践所证明。

旅游景区建设与周边农村社区协调发展面临的主要问题有以下三个方面。

第一，在发展目标上，存在过分看重短期经济利益的问题，旅游开发活动是一项系统工程，其参与者涉及景区开发者、政府和当地人民群众等多方主体。无论哪个主体如果仅仅为了满足自身的经济利益，其最终的结果是在直接损害其他主体利益的同时，也损害了各个利益群体的长期利益和全局利益。对当地居民来说，在旅游景区开发和发展的过程中，如果当地居民不能参与到其中，不能得到旅游开发的实惠，必然会对当地景区的积极发展带来阻力。

第二，在对待旅游资源问题上，存在景区过度开发与外围农村社区资源闲置浪费的矛盾。无论是传统意义上的农村社区，还是现代农村社区，都是历史的产物，具有深厚的历史文化底蕴，是极为重要的旅游资源吸引物。但是目前在这方面开发的深度与广度都不够。

第三，在景区、农村社区的建设与管理上是各自“独立

作战”，缺乏相互参与、团结合作意识。在旅游景区建设与外围农村社区发展方面，社区参与和景区参与都很重要。

为了促进旅游景区与其周边农村社区协调发展，可以采取以下对策。

首先，通过整合旅游资源，形成“社区大资源”。通过产业的整合，进行农村传统产业的改造与升级；通过人力资源的整合，使当地居民有更多更好的发展与获利机会。旅游景区与其周边农村社区协调发展与合作，使两者在社会、经济、文化、环境方面融合渗透，最终形成一个整体，成为旅游景区与周围农村社区可持续发展的重要机制。

其次，通过价值观念创新，树立经济共赢观念和三大效益协同发展观念；通过管理模式创新，发展景区自我管理的管理模式和社区参与旅游的管理模式。这也是旅游景区与其周边农村社区协调发展的核心。

最后，发挥政府在协调中的主导作用和关键作用。政府作为旅游开发活动的启动者、开发政策的制定者、组织者和宏观调控者，其职责就是为整个开发活动提供政策依据，组织协调各方利益，对整个开发活动作整体和宏观上的调节与控制具有非常积极重大的意义。

92. 农村体育旅游的现状及发展趋势如何？

答：以一定的体育设施和体育资源为条件，以农村风土人情为依托，以商品的形式为旅游者提供融健身、交际、休闲和娱乐等各种服务，这种旅游方式称为农村体育旅游。

它是体育旅游与农村旅游的完美结合，也是内心体验性和外向表观性的统一。农村体育旅游是一种精神上的需求和成熟的内心体验，更是人们对生活本身返璞归真的一种娱乐需求。此外，它将产生巨大的经济效益。

当前，我国农村体育旅游还处于萌芽阶段，仍存在许多不足：其一，体育资源开发中参与类少，观赏类多；其二，农村体育项目内容单一，缺乏特色，旅游资源开发利用程度不够；其三，农村体育旅游资源营销人才短缺，开发人才短缺以及组织者不专业；其四，农村体育旅游需求不足；其五，农村体育旅游的法规政策以及扶持政策不完善；其六，对农村体育旅游的理论研究不足，与农村特色结合不紧密。

据世界卫生组织的统计资料显示，在世界各国的旅游群体中，以健身休闲、娱乐和消遣为目的的旅游者所占比例最大。随着社会的发展，人们健康意识的增加，更希望在紧张的工作之余，强健体魄，使身心放松，而不再满足于观光的愉悦。因此，农村体育旅游业将成为具有中国特色的体育旅游方式之一。

93. 如何开发农村体育旅游？

答：面对我国农村体育旅游存在的诸多问题，发展农村体育旅游可以考虑从以下几方面入手。

(1) 加快区域特色农村体育旅游资源开发

我国地域辽阔，地区区域差异大，如风土人情、资源气候、地貌地形等，因此，要加快农村区域特色体育旅游资源

的开发。

①新兴体育项目资源开发。有经济条件的个别地区可凭借其经济实力,开发新兴体育项目,打造特色农村体育旅游,其"人造"性强,更适合市场经济的要求。

②一般农村风俗的体育旅游资源开发。

③少数民族特有体育旅游资源开发。各民族独有节庆活动、宗教祭祀等是少数民族特有体育资源。如舞龙、踩高跷、赛龙舟、花炮、舞狮抢,等等。

④农村地域特色体育旅游资源开发。将地域特色转化为农村体育旅游特色。对特殊的地理地貌进行体育改造,使其具有良好的体育旅游价值。如内蒙古的草原赛马,东北的滑雪,海南的海滩体育旅游,云南的野外生存挑战旅游、峡谷漂流等。

(2)相关行业及人才的支持

农村体育旅游不是孤立存在的,它与我国其他行业有着紧密联系,国家、地区的法规、政策在制度上保证了农村体育旅游的发展。所以,建设特色农村体育旅游,也需要相关行业的支持。

①旅游业支持。农村体育旅游是旅游市场的一块新鲜蛋糕,它需要旅游行业强有力的支持。

②体育行业支持。运用体育行业特有的行业嗅觉,合理开发地域特色体育资源。例如,商业体育俱乐部组织会员进行农村体育旅游实践等。

③人才支持。农村体育旅游需要广泛的人力资源支持,主要有体育人才、旅游人才以及熟悉农村风土人情、地

理环境的特殊人才等。

(3) 法规、政策的支持

一个行业的发展离不开法规政策的支持。同样,农村体育旅游的发展需要国家以及相关地区的法规政策上的支持。

94. 什么是农村生态旅游文化?

答:文化与旅游一脉相承,它体现了旅游的灵魂。乡村旅游所体现的文化不同于城市的文化。它所特有的内涵通常包括以下几方面。

(1) 乡村精神文化

其一,乡村艺术文化。乡村艺术文化具有浓厚的乡土审美特征。乡村作家和乡村书法家等的创作,具有乡村特色的审美想象。这让游客在旅游时,既可欣赏世外桃源般的乡村自然风光,又可体会到与世无争的心境。同时,在乡村长久流传的音乐、杂技、舞蹈、戏曲等艺术文化,种类多种多样,深受城市游客的喜爱。其二,乡村节日。乡村节目是长期积淀的结果,体现了特定地域的风土人情,如盛行于汉族的传统节日春节、腊八节、清明节、元宵节、重阳节、端午节、中秋节等,傣族传统节日泼水节等。

(2) 乡村家庭生活文化

家庭生活文化由家庭成员间的关系、生儿育女、劳作分工、家庭用语、饮食、婚丧嫁娶等组成。因此,在乡村旅游时,游客会感受到浓厚的家庭亲情,在享受乡村家庭生活文

化的同时，增进了家庭成员间的深层次了解，有利于家庭更加和睦、更加融洽。

（3）乡村物质文化

是指由乡村生活创造的物质产品所表现的文化，如具体的器具、生产技术以及其生产工艺。它是乡村居民个体或集体的智慧，可以通过触觉和视觉进行欣赏和享受，包括乡村田园文化、乡村手工艺文化、乡村建筑文化、乡村山水文化、乡村饮食文化和农耕文化等。

①乡村手工艺文化。乡村手工艺直接反映了乡村的审美观念和文化特性，对游客具有很大的吸引力。如乡村的剪纸、彩灯、泥人工艺、手编花、手工刺绣、皮影等。游客可以购买手工艺品，也可以主动参观手工艺品的生产制作。

②乡村田园文化。由于我国气候、地貌、地形等多样化，地域广阔，因此，形成了各种各样的田园文化形态。例如，高原、江南水乡、丘陵盆地、沿海渔村、畜牧草原等形态；依据农作物不同，有竹园、茶园、林园、花卉园、果园等。总之，它体现了自然、淳朴、安宁、和谐的生活韵律。

③乡村饮食文化。由于其材料天然、色泽鲜亮、味道鲜美，形成了简单朴实的农家风味。如田地野菜、自制腌菜、红薯烩烙、自蒸窝头，等等。在品尝时，人们能够闻到其中渗透的清香，增添了日常生活不寻常的感觉和体验。

④乡村山水文化。它源自于最原始的乡村自然地形地貌景物，依赖于优越的乡村自然地理条件，组成了多姿多彩的山水文化。借助于这些自然赋予的环境，设置了楼阁、凉

亭、高塔等观赏景点，唤起人们对大自然的钟爱情感。

⑤乡村建筑文化。它体现了自然与建筑相融合的意境，如气派恢宏的祠堂、高大威武的佛像、客家五凤楼和土楼、陕西黄土高原的窑洞、青藏高原的碉房、西南少数民族的竹楼等乡村建筑。

⑥农耕文化。农村日出而作、日落而息的生活节奏，采果摘茶、打井饮水、围湖造田、修渠灌溉等农事活动，充满了浓厚的乡土气息，构成了一幅生动的、富有活力的田园农耕画面图。

(4) 乡村制度文化

长期以来，乡村约定并形成多种多样的礼仪规范以及伦理道德，具有明显的地域色彩，形成了当地乡村的制度文化。如独具特色的客家土楼聚落，其聚落生活既体现了和谐相处的一面，又体现人际关系中权威的一面。此外，乡村礼仪文化在我国传统文化中占有非常重要的地位。如诞生礼、寿礼、婚礼等人生礼仪，这些淳朴的礼仪对游客来说具有陌生感与新鲜感。

95. 乡村文化如何在乡村旅游产业中进行有效传承？

答：在乡村旅游开发和发展中，为使优美的自然风光和人文特色能够更好地传承和发展，应当采取一些必要和有效的方法和手段。在新农村建设和乡村旅游发展的过程中，各级政府部门作用非常重要，在积极引导的同时，也需

要用行政手段干预建设和旅游业发展的过程，不在发展中破坏当地的自然和人文文化。

作为乡村旅游发展的开发企业来说，其规划应当因地制宜，在保护当地自然人文景观的前提下，进行富有远见的规划，保持和传承当地特色，这样才能使投资得以长久和持续的发展。当地居民是该地区文化传承的直接主体，因此，乡村旅游业的发展，当地居民的参与有着非常重要的作用。作为旅游者来说，在欣赏自然美景和感受当地民俗文化的同时，更应具有保护当地自然和文化的思想和意识，应当具有良好的道德风尚。这对当地的文化保护也至关重要。

96. 电子商务对乡村旅游业的发展有什么影响？

答：和乡村旅游市场的快速发展形成对比的是，我国乡村旅游产业的电子商务体系发展相对迟缓。虽然电子商务技术的发展日新月异，但是由于乡村旅游企业对电子商务对促进乡村旅游业的作用认识不足，另外，由于网络交易的信用安全问题以及第三方电子商务服务企业的缺乏，严重阻碍着乡村旅游业电子商务的发展。

通过建立乡村旅游电子商务体系，可以弥补和解决乡村旅游市场信息不对称的问题。乡村旅游业所面对的服务对象大都是城市人口，而城市地区网络通信高度发达和发展，通过发展电子商务体系，在提高乡村旅游地知名度、提升自身竞争力的同时，旅游地信息能够广泛传播，同时也能

为旅游企业的经营节省运营成本。

在当今信息高度发展的今天，电子商务体系的建立，必将为乡村旅游的快速、健康、可持续发展提供更为广阔的宣传和促进平台。

97. 乡村旅游开发过程中落实循环理念有什么作用？

答：随着《循环经济促进法》的颁布和实施，如何在乡村旅游开发和发展过程中做到开发中的资源循环和利用，促进旅游经济合理、科学发展，是值得深入思考的问题。

我国生态旅游发展理念的定位和乡村经济的发展已经过多年蓬勃发展，然而乡村旅游开发中，循环经济发展和生态建设的理念在落实上并不尽如人意。许多地方为了短期经济利益，在规划上和开发上缺乏远见，存在严重的重复建设和低层次建设，带来的后果是人力、财力、物力和资源的巨大浪费与破坏，更重要的是，缺少特色和可持续的发展。

只有在旅游开发过程中始终以循环理念为开发的基石，才能够保障和保证乡村旅游环境的保护。通过科学规划和合理利用，也可以促进乡村资源的循环利用，在保护环境的同时，也有利于资源的利用最大化和效益最大化。

在旅游开发过程中，为了落实好循环经济开发的理念，应当以政府为主导，通过行政的手段引导和督促开发企业和当地居民在旅游开发、发展过程中做好环境保护，做到资源的循环利用，做好当地经济发展的可持续性。当然，在政

府监督的同时，也要做好引导并提供相应的政策扶持。作为旅游开发的具体实施者的企业，应该站在长远的角度去思考问题，以循环开发理念为指导，开展洁净生产、开展生态旅游，发展地方特色，促进可持续发展。

作为主要参与者的当地居民，在生态旅游和循环经济发展的具体落实中具有非常重要的地位，只有每个参与者积极发挥自身的作用，才可以最终实现发展的理念。

98. 低碳经济理念对乡村旅游发展的影响是什么？

答：低碳经济的概念最先由英国提出，其核心理念就是提高能源利用效率，在经济发展中提升能源技术和政策创新，创建经济友好型社会和保持社会经济可持续发展。

乡村旅游作为一种综合性质的人类实践活动过程，它在发展和实践过程中具有实践低碳经济发展理念的基础和现实意义。低碳环保理念在乡村旅游实践中得到良好的实施，对乡村环保和经济发展都具有重要的实际意义。

在实践低碳环保理念的旅游发展过程中，可以转换运营模式，提高低碳运营机制，开发具有低碳特点的旅游产品；在各个环节上都要强调低碳发展理念，推广新技术和新产品，提高生态人居的更高层次的内涵；在旅游交通、旅游消费、资源和能源循环利用方面做到低排放、低消耗和充分利用。

99. 我国现行的旅游方面的法律法规有哪些?

答:我国现行主要的旅游法律法规体系包含行政法规、部门规章及规范性文件、地方性法规、地方性行政规章等方面,主要分为以下几个方面。

(1)旅游行业管理方面的法律法规

主要有《旅行社管理条例》、《旅行社投保旅行社责任保险规定》、《旅行社质量保证金赔偿暂行办法》、《导游人员管理条例》、《中国旅游饭店行业规范》、《旅游涉外饭店星级的划分及评定》、《出境旅游领队人员管理办法》等。

(2)旅游交通运输方面的法律法规

主要有《铁路法》、《民用航空法》、《民用公路法》、《中国民航旅客、行李运输规范》、《汽车旅客运输规范》等。

(3)旅游者权益保护方面的法律法规

主要有《消费者权益保护法》、《旅游投诉暂行规定》等。

(4)旅游资源开发、利用和保护方面的法律法规

主要有《文物保护法》、《风景名胜区条例》、《旅游区(点)质量等级评定办法》等。

(5)旅游市场管理方面的法律法规

主要有《旅游统计管理办法》、《旅游发展规划管理办法》等。

(6)其他在不同程度上对旅游社会关系起调整作用的相关法律法规

主要有《民法通则》、《反不正当竞争法》、《公民出入境

管理办法》、《海关法》、《食品卫生法》、《娱乐场所管理条例》等。

100. 我国环境保护方面的法律和政策有哪些?

答:我国环境保护方面的法律体系主要由以下一些内容组成:①宪法中关于环境保护方面的条款;②《中华人民共和国环境保护法》;③环境保护国际公约;④环境保护行政法规;⑤环境保护地方性法律;⑥环境保护部门规章;⑦地方政府环境保护规章等。

我国环境保护的三大政策是:①预防为主,防治结合;②谁污染谁治理;③强化环境管理。

我国现行的环境保护方面的法律主要有:《环境保护法》、《水污染防治法》、《大气污染防治法》、《环境噪声污染防治法》、《放射性污染防治法》、《环境影响评价法》、《清洁生产促进法》等。

我国现行主要的环境保护法规、规章主要有:《水污染防治法实施细则》、《建设项目环境保护管理条例》、《排污费征收使用管理条例》、《危险废物经营许可证管理办法》、《医疗废物管理条例》、《自然保护区条例》、《环境保护行政处罚办法》等。

技术规范篇

风景名胜区条例

（二〇〇六年九月十九日国务院发布）

第一章 总 则

第一条 为了加强对风景名胜区的管理，有效保护和合理利用风景名胜资源，制定本条例。

第二条 风景名胜区的设立、规划、保护、利用和管理，适用本条例。

本条例所称风景名胜区，是指具有观赏、文化或者科学价值，自然景观、人文景观比较集中，环境优美，可供人们游览或者进行科学、文化活动的区域。

第三条 国家对风景名胜区实行科学规划、统一管理、严格保护、永续利用的原则。

第四条 风景名胜区所在地县级以上地方人民政府设置的风景名胜区管理机构，负责风景名胜区的保护、利用和统一管理工作。

第五条 国务院建设主管部门负责全国风景名胜区的监督管理工作。国务院其他有关部门按照国务院规定的职责分工，负责风景名胜区的有关监督管理工作。

省、自治区人民政府建设主管部门和直辖市人民政府风景名胜区主管部门，负责本行政区域内风景名胜区的监督管理工作。省、自治区、直辖市人民政府其他有关部门按照规定的职责分工，负责风景名胜区的有关监督管理工作。

第六条 任何单位和个人都有保护风景名胜资源的义务，并有权制止、检举破坏风景名胜资源的行为。

第二章　设　立

第七条 设立风景名胜区，应当有利于保护和合理利用风景名胜资源。

新设立的风景名胜区与自然保护区不得重合或者交叉；已设立的风景名胜区与自然保护区重合或者交叉的，风景名胜区规划与自然保护区规划应当相协调。

第八条 风景名胜区划分为国家级风景名胜区和省级风景名胜区。

自然景观和人文景观能够反映重要自然变化过程和重大历史文化发展过程，基本处于自然状态或者保持历史原

貌，具有国家代表性的，可以申请设立国家级风景名胜区；具有区域代表性的，可以申请设立省级风景名胜区。

第九条 申请设立风景名胜区应当提交包含下列内容的有关材料：

（一）风景名胜资源的基本状况；

（二）拟设立风景名胜区的范围以及核心景区的范围；

（三）拟设立风景名胜区的性质和保护目标；

（四）拟设立风景名胜区的游览条件；

（五）与拟设立风景名胜区内的土地、森林等自然资源和房屋等财产的所有权人、使用权人协商的内容和结果。

第十条 设立国家级风景名胜区，由省、自治区、直辖市人民政府提出申请，国务院建设主管部门会同国务院环境保护主管部门、林业主管部门、文物主管部门等有关部门组织论证，提出审查意见，报国务院批准公布。

设立省级风景名胜区，由县级人民政府提出申请，省、自治区人民政府建设主管部门或者直辖市人民政府风景名胜区主管部门，会同其他有关部门组织论证，提出审查意见，报省、自治区、直辖市人民政府批准公布。

第十一条 风景名胜区内的土地、森林等自然资源和房屋等财产的所有权人、使用权人的合法权益受法律保护。

申请设立风景名胜区的人民政府应当在报请审批前，与风景名胜区内的土地、森林等自然资源和房屋等财产的所有权人、使用权人充分协商。

因设立风景名胜区对风景名胜区内的土地、森林等自然资源和房屋等财产的所有权人、使用权人造成损失的，应

当依法给予补偿。

第三章 规 划

第十二条 风景名胜区规划分为总体规划和详细规划。

第十三条 风景名胜区总体规划的编制，应当体现人与自然和谐相处、区域协调发展和经济社会全面进步的要求，坚持保护优先、开发服从保护的原则，突出风景名胜资源的自然特性、文化内涵和地方特色。

风景名胜区总体规划应当包括下列内容：

（一）风景资源评价；

（二）生态资源保护措施、重大建设项目布局、开发利用强度；

（三）风景名胜区的功能结构和空间布局；

（四）禁止开发和限制开发的范围；

（五）风景名胜区的游客容量；

（六）有关专项规划。

第十四条 风景名胜区应当自设立之日起 2 年内编制完成总体规划。总体规划的规划期一般为 20 年。

第十五条 风景名胜区详细规划应当根据核心景区和其他景区的不同要求编制，确定基础设施、旅游设施、文化设施等建设项目的选址、布局与规模，并明确建设用地范围和规划设计条件。

风景名胜区详细规划，应当符合风景名胜区总体规划。

第十六条 国家级风景名胜区规划由省、自治区人民

政府建设主管部门或者直辖市人民政府风景名胜区主管部门组织编制。

省级风景名胜区规划由县级人民政府组织编制。

第十七条 编制风景名胜区规划，应当采用招标等公平竞争的方式选择具有相应资质等级的单位承担。

风景名胜区规划应当按照经审定的风景名胜区范围、性质和保护目标，依照国家有关法律、法规和技术规范编制。

第十八条 编制风景名胜区规划，应当广泛征求有关部门、公众和专家的意见；必要时，应当进行听证。

风景名胜区规划报送审批的材料应当包括社会各界的意见以及意见采纳的情况和未予采纳的理由。

第十九条 国家级风景名胜区的总体规划，由省、自治区、直辖市人民政府审查后，报国务院审批。

国家级风景名胜区的详细规划，由省、自治区人民政府建设主管部门或者直辖市人民政府风景名胜区主管部门报国务院建设主管部门审批。

第二十条 省级风景名胜区的总体规划，由省、自治区、直辖市人民政府审批，报国务院建设主管部门备案。

省级风景名胜区的详细规划，由省、自治区人民政府建设主管部门或者直辖市人民政府风景名胜区主管部门审批。

第二十一条 风景名胜区规划经批准后，应当向社会公布，任何组织和个人有权查阅。

风景名胜区内的单位和个人应当遵守经批准的风景名胜区规划，服从规划管理。

风景名胜区规划未经批准的，不得在风景名胜区内进

行各类建设活动。

第二十二条 经批准的风景名胜区规划不得擅自修改。确需对风景名胜区总体规划中的风景名胜区范围、性质、保护目标、生态资源保护措施、重大建设项目布局、开发利用强度以及风景名胜区的功能结构、空间布局、游客容量进行修改的，应当报原审批机关批准；对其他内容进行修改的，应当报原审批机关备案。

风景名胜区详细规划确需修改的，应当报原审批机关批准。

政府或者政府部门修改风景名胜区规划对公民、法人或者其他组织造成财产损失的，应当依法给予补偿。

第二十三条 风景名胜区总体规划的规划期届满前2年，规划的组织编制机关应当组织专家对规划进行评估，作出是否重新编制规划的决定。在新规划批准前，原规划继续有效。

第四章　保　护

第二十四条 风景名胜区内的景观和自然环境，应当根据可持续发展的原则，严格保护，不得破坏或者随意改变。

风景名胜区管理机构应当建立健全风景名胜资源保护的各项管理制度。

风景名胜区内的居民和游览者应当保护风景名胜区的景物、水体、林草植被、野生动物和各项设施。

第二十五条 风景名胜区管理机构应当对风景名胜区内的重要景观进行调查、鉴定，并制定相应的保护措施。

第二十六条 在风景名胜区内禁止进行下列活动：

（一）开山、采石、开矿、开荒、修坟立碑等破坏景观、植被和地形地貌的活动；

（二）修建储存爆炸性、易燃性、放射性、毒害性、腐蚀性物品的设施；

（三）在景物或者设施上刻划、涂污；

（四）乱扔垃圾。

第二十七条 禁止违反风景名胜区规划，在风景名胜区内设立各类开发区和在核心景区内建设宾馆、招待所、培训中心、疗养院以及与风景名胜资源保护无关的其他建筑物；已经建设的，应当按照风景名胜区规划，逐步迁出。

第二十八条 在风景名胜区内从事本条例第二十六条、第二十七条禁止范围以外的建设活动，应当经风景名胜区管理机构审核后，依照有关法律、法规的规定办理审批手续。

在国家级风景名胜区内修建缆车、索道等重大建设工程，项目的选址方案应当报国务院建设主管部门核准。

第二十九条 在风景名胜区内进行下列活动，应当经风景名胜区管理机构审核后，依照有关法律、法规的规定报有关主管部门批准：

（一）设置、张贴商业广告；

（二）举办大型游乐等活动；

（三）改变水资源、水环境自然状态的活动；

（四）其他影响生态和景观的活动。

第三十条 风景名胜区内的建设项目应当符合风景名

胜区规划，并与景观相协调，不得破坏景观、污染环境、妨碍游览。

在风景名胜区内进行建设活动的，建设单位、施工单位应当制定污染防治和水土保持方案，并采取有效措施，保护好周围景物、水体、林草植被、野生动物资源和地形地貌。

第三十一条 国家建立风景名胜区管理信息系统，对风景名胜区规划实施和资源保护情况进行动态监测。

国家级风景名胜区所在地的风景名胜区管理机构应当每年向国务院建设主管部门报送风景名胜区规划实施和土地、森林等自然资源保护的情况；国务院建设主管部门应当将土地、森林等自然资源保护的情况，及时抄送国务院有关部门。

第五章 利用和管理

第三十二条 风景名胜区管理机构应当根据风景名胜区的特点，保护民族民间传统文化，开展健康有益的游览观光和文化娱乐活动，普及历史文化和科学知识。

第三十三条 风景名胜区管理机构应当根据风景名胜区规划，合理利用风景名胜资源，改善交通、服务设施和游览条件。

风景名胜区管理机构应当在风景名胜区内设置风景名胜区标志和路标、安全警示等标牌。

第三十四条 风景名胜区内宗教活动场所的管理，依照国家有关宗教活动场所管理的规定执行。

风景名胜区内涉及自然资源保护、利用、管理和文物保

护以及自然保护区管理的，还应当执行国家有关法律、法规的规定。

第三十五条 国务院建设主管部门应当对国家级风景名胜区的规划实施情况、资源保护状况进行监督检查和评估。对发现的问题，应当及时纠正、处理。

第三十六条 风景名胜区管理机构应当建立健全安全保障制度，加强安全管理，保障游览安全，并督促风景名胜区内的经营单位接受有关部门依据法律、法规进行的监督检查。

禁止超过允许容量接纳游客和在没有安全保障的区域开展游览活动。

第三十七条 进入风景名胜区的门票，由风景名胜区管理机构负责出售。门票价格依照有关价格的法律、法规的规定执行。

风景名胜区内的交通、服务等项目，应当由风景名胜区管理机构依照有关法律、法规和风景名胜区规划，采用招标等公平竞争的方式确定经营者。

风景名胜区管理机构应当与经营者签订合同，依法确定各自的权利义务。经营者应当缴纳风景名胜资源有偿使用费。

第三十八条 风景名胜区的门票收入和风景名胜资源有偿使用费，实行收支两条线管理。

风景名胜区的门票收入和风景名胜资源有偿使用费应当专门用于风景名胜资源的保护和管理以及风景名胜区内财产的所有权人、使用权人损失的补偿。具体管理办法，由国务院财政部门、价格主管部门会同国务院建设主管部门

等有关部门制定。

第三十九条 风景名胜区管理机构不得从事以营利为目的的经营活动，不得将规划、管理和监督等行政管理职能委托给企业或者个人行使。

风景名胜区管理机构的工作人员，不得在风景名胜区内的企业兼职。

第六章 法律责任

第四十条 违反本条例的规定，有下列行为之一的，由风景名胜区管理机构责令停止违法行为、恢复原状或者限期拆除，没收违法所得，并处50万元以上100万元以下的罚款：

（一）在风景名胜区内进行开山、采石、开矿等破坏景观、植被、地形地貌的活动的；

（二）在风景名胜区内修建储存爆炸性、易燃性、放射性、毒害性、腐蚀性物品的设施的；

（三）在核心景区内建设宾馆、招待所、培训中心、疗养院以及与风景名胜资源保护无关的其他建筑物的。

县级以上地方人民政府及其有关主管部门批准实施本条第一款规定的行为的，对直接负责的主管人员和其他直接责任人员依法给予降级或者撤职的处分；构成犯罪的，依法追究刑事责任。

第四十一条 违反本条例的规定，在风景名胜区内从事禁止范围以外的建设活动，未经风景名胜区管理机构审核的，由风景名胜区管理机构责令停止建设、限期拆除，对

个人处 2 万元以上 5 万元以下的罚款，对单位处 20 万元以上 50 万元以下的罚款。

第四十二条 违反本条例的规定，在国家级风景名胜区内修建缆车、索道等重大建设工程，项目的选址方案未经国务院建设主管部门核准，县级以上地方人民政府有关部门核发选址意见书的，对直接负责的主管人员和其他直接责任人员依法给予处分；构成犯罪的，依法追究刑事责任。

第四十三条 违反本条例的规定，个人在风景名胜区内进行开荒、修坟立碑等破坏景观、植被、地形地貌的活动的，由风景名胜区管理机构责令停止违法行为、限期恢复原状或者采取其他补救措施，没收违法所得，并处 1000 元以上 1 万元以下的罚款。

第四十四条 违反本条例的规定，在景物、设施上刻划、涂污或者在风景名胜区内乱扔垃圾的，由风景名胜区管理机构责令恢复原状或者采取其他补救措施，处 50 元的罚款；刻划、涂污或者以其他方式故意损坏国家保护的文物、名胜古迹的，按照治安管理处罚法的有关规定予以处罚；构成犯罪的，依法追究刑事责任。

第四十五条 违反本条例的规定，未经风景名胜区管理机构审核，在风景名胜区内进行下列活动的，由风景名胜区管理机构责令停止违法行为、限期恢复原状或者采取其他补救措施，没收违法所得，并处 5 万元以上 10 万元以下的罚款；情节严重的，并处 10 万元以上 20 万元以下的罚款：

（一）设置、张贴商业广告的；

（二）举办大型游乐等活动的；

（三）改变水资源、水环境自然状态的活动的；

（四）其他影响生态和景观的活动。

第四十六条 违反本条例的规定，施工单位在施工过程中，对周围景物、水体、林草植被、野生动物资源和地形地貌造成破坏的，由风景名胜区管理机构责令停止违法行为、限期恢复原状或者采取其他补救措施，并处2万元以上10万元以下的罚款；逾期未恢复原状或者采取有效措施的，由风景名胜区管理机构责令停止施工。

第四十七条 违反本条例的规定，国务院建设主管部门、县级以上地方人民政府及其有关主管部门有下列行为之一的，对直接负责的主管人员和其他直接责任人员依法给予处分；构成犯罪的，依法追究刑事责任：

（一）违反风景名胜区规划在风景名胜区内设立各类开发区的；

（二）风景名胜区自设立之日起未在2年内编制完成风景名胜区总体规划的；

（三）选择不具有相应资质等级的单位编制风景名胜区规划的；

（四）风景名胜区规划批准前批准在风景名胜区内进行建设活动的；

（五）擅自修改风景名胜区规划的；

（六）不依法履行监督管理职责的其他行为。

第四十八条 违反本条例的规定，风景名胜区管理机构有下列行为之一的，由设立该风景名胜区管理机构的县级以上地方人民政府责令改正；情节严重的，对直接负责的

主管人员和其他直接责任人员给予降级或者撤职的处分；构成犯罪的，依法追究刑事责任：

（一）超过允许容量接纳游客或者在没有安全保障的区域开展游览活动的；

（二）未设置风景名胜区标志和路标、安全警示等标牌的；

（三）从事以营利为目的的经营活动的；

（四）将规划、管理和监督等行政管理职能委托给企业或者个人行使的；

（五）允许风景名胜区管理机构的工作人员在风景名胜区内的企业兼职的；

（六）审核同意在风景名胜区内进行不符合风景名胜区规划的建设活动的；

（七）发现违法行为不予查处的。

第四十九条 本条例第四十条第一款、第四十一条、第四十三条、第四十四条、第四十五条、第四十六条规定的违法行为，依照有关法律、行政法规的规定，有关部门已经予以处罚的，风景名胜区管理机构不再处罚。

第五十条 本条例第四十条第一款、第四十一条、第四十三条、第四十四条、第四十五条、第四十六条规定的违法行为，侵害国家、集体或者个人的财产的，有关单位或者个人应当依法承担民事责任。

第五十一条 依照本条例的规定，责令限期拆除在风景名胜区内违法建设的建筑物、构筑物或者其他设施的，有关单位或者个人必须立即停止建设活动，自行拆除；对继续

进行建设的，作出责令限期拆除决定的机关有权制止。有关单位或者个人对责令限期拆除决定不服的，可以在接到责令限期拆除决定之日起15日内，向人民法院起诉；期满不起诉又不自行拆除的，由作出责令限期拆除决定的机关依法申请人民法院强制执行，费用由违法者承担。

第七章　附　则

第五十二条　本条例自2006年12月1日起施行。1985年6月7日国务院发布的《风景名胜区管理暂行条例》同时废止。

参考文献

[1] 邹淑珍,陶表红.统筹城乡发展建设绿色生态新农村[J].上海经济研究，2008(3):94—99.

[2] 孙新章,成闵.生态农村工程:解决中国“三农”问题的新思维[J].农业现代化研究,2004(2):86—89.

[3] 刘菲.生态农村的界定与评价指标研究[D].北京:北京化工大学,2008.

[4] 蒋和平.生态旅游农业开发模式的研究——珠海生态农业科技园区开发实证分析 [J].古今农业,2004(3):20—27.

[5] 张华.国有商业银行公司治理结构亟待完善[J].合作经济与科技,2005(16):23—24.

[6] 吴章文,吴楚材,谭益民.生态旅游背景体系研究[J].中南林业科技大学学报，2009,29(5):7—10.

[7] 粟维斌.资源县生态旅游县建设研究[D].株洲:中南林学院,2001.

[8] 马彦.自然风景区旅游资源环境管理的理念及方法体系探讨[D].西安:陕西师范大学,2002.

[9] 尚天成.生态旅游理论研究[D].天津:天津大学，2004.

[10] 程道品.生态旅游区绩效评价及模型构建[D].株洲:中南林学院,2003.

[11] 祁兴丽.新疆胡杨林集中分布区域生态旅游开发路径研究[D].北京:北京第二外国语学院,2008.

[12] 张海清.额济纳旗胡杨林主要建群种生态用水研究[J].呼和浩特:内蒙古农业大学,2006.

[13] 钱澄.对生态旅游开发的法律保障[J].中国环保产业,2002(11):15—17.

[14] 赵娇,彭芳梅.我国区域旅游竞争力评价体系研究[J].中州学刊,2010(4):286—287.

[15] 杨强.体育强国发展战略的思考:突破与不足——基于《关于加快发展体育产业的指导意见》的解读[J].体育科学,2010,30(9):12—17.

[16] 吴莹.发展生态农业旅游——加快新农村建设的希望之路[J].安徽农业科学,2006,34(14):3447—3449.

[17] 廉同辉,王金叶.民族地区乡村生态旅游开发与新农村建设研究 [J].西南民族大学学报(人文社科版),2010(11):169—172.

[18] 程红帅.农村生态旅游的美学思考[J].山西高等学校社会科学学报, 2010, 22(5):35—37.

[19] 黄国俊,陶表红.农村生态旅游开发中的旅游容量定位问题分析[J].商场现代化,2007,514(25):355.

[20] 胡川.农业生态旅游资源开发及监管研究[J].农业经济问题,2007(7):60—64.

[21] 马伦姣. 乡村旅游与农村生态环境互动协调发展[J]. 合作经济与科技,2010(20):18—19.

[22] 王燕. 论我国生态旅游的法制保障[J]. 前沿,2008(10):138—140.

[23] 赵海燕. 生态旅游——我国旅游业可持续发展的必由之路 [J]. 学术交流, 2002,103(4):99—101.

[24] 陈科东. 生态旅游开发在构建和谐新农村中的作用[J]. 广西林业,2007(4):53—54.

[25] 黄威威. 内蒙古发展生态旅游的思路[J]. 甘肃农业,2007(1):18—19.

[26] 任磊. 宁夏南部山区生态经济建设中的可持续发展研究[D]. 银川:宁夏大学,2006.

[27] 吴献成,聂肖. 生态旅游与农村城镇化[J]. 城乡建设,2002(12):57—58.

[28] 孟娇娇. 乡村旅游发展动力机制研究[J]. 经济研究导刊,2009(8):116—117.

[29] 张欣昊. 乡村生态旅游项目的 Bot 模式运作对新农村建设的战略性影响[J]. 改革与战略,2010(11):103—104.

[30] 张正先. 论新农村生态旅游规划——以常德柳叶湖太阳山片区为例[J]. 中外建筑,2010(6):107—109.

[31] 马兰. 论新农村建设土地问题的思考[J]. 经济技术协作信息,2009(3)

[32] 李亚刚. 浅谈新农村建设[J]. 山西建筑,2008,34(4):60—61.

[33] 陈友华,崔佳.日本农村旅游景观设计及其对我国的启示[J].南昌航空大学学报(社会科学版),2010,12(3):59—62.

[34] 邹淑珍,焦庚英.论新农村建设背景下乡村旅游从业人员的培训[J].教育学术月刊,2008(9):76—78.

[35] 焦庚英,邹淑珍.农村旅游从业人员培训质量提高的途径[J].老区建设,2008(18):33—34.

[36] 卢长怀.我国农村旅游文化资源的开发与保护[J].北方经贸,2006(12):122—124.

[37] 罗明义.发展乡村旅游与社会主义新农村建设[J].经济问题探索,2006(10):4—7.

[38] 尚志海,叶兆基.大学生消费行为的微观区位选择特征分析[J].云南地理环境研究,2008,20(1):81—84.

[39] 王晓杰.马克思休闲思想及中国休闲经济发展研究[D].长春:东北师范大学,2008.

[40] 李玉新,俞国方.现代农业发展模式研究[J].合作经济与科技,2009(8):15—16.

[41] 孙志强.乡村旅游特色餐饮开发研究[J].经济问题探索,2008(8):137—140.

[42] 李北东.环境教育——生态旅游的灵魂[J].西南民族大学学报(人文社科版),2003,24(9):293—296.

[43] 郑莉霞.新农村规划设计中复合生态系统理论的应用初探[D].北京:北京工业大学,2008.

[44] 朱佳敏.我国土地整理中存在的问题及解决对策

[J].安徽农业科学,2010,38(27):15394—15395.

[45] 刘旭,骆高远.浅谈乡村旅游的网络营销[J].科学与管理,2008(1):75—78.

[46] 董晓英,秦远好.古镇古村落遗产旅游与新农村建设[J].乐山师范学院学报,2009,24(2):86—88.

[47] 刘辛田,盛正发.红色旅游与新农村建设耦合式发展分析[J].乡镇经济,2009(9):97—99.

[48] 董红梅,王喜莲.旅游景区与其周边农村社区的协调发展研究[J].农村经济,2007(1):51—54.

[49] 李卫龙,宋维能.农村体育旅游初探[J].内江科技,2011(3):153.

[50] 厉守卫.试论乡村旅游中的文化传承[J].商业时代,2010(36):114—115.

[51] 朱月双.论乡村旅游文化的继承与发展[J].现代商业,2009(14):39—40.

[52] 丁鸿,吉根宝,戴遐海.乡村旅游电子商务体系构建的探讨[J].市场周刊(理论研究),2009(7):49—51.

[53] 罗信远.基于循环经济理念的乡村旅游项目开发初探[J].武汉生物工程学院学报,2009,5(2):133—137.

图书在版编目(CIP)数据

生态旅游百问百答 / 赵芝清，何虹蓁编著. —杭州：浙江工商大学出版社，2011.8

(建设生态新农村丛书 / 沈东升主编)

ISBN 978-7-81140-383-1

Ⅰ. ①生… Ⅱ. ①赵… ②何… Ⅲ. ①生态旅游—问题解答 Ⅳ. ①F590.7—44

中国版本图书馆 CIP 数据核字(2011)第 177548 号

生态旅游百问百答

赵芝清　何虹蓁　编著

丛书策划　钟仲南　邬官满

责任编辑　刘　韵　赵　丹

封面设计　陈思思

责任印制　汪　俊

出版发行　浙江工商大学出版社

(杭州市教工路 198 号　邮政编码 310012)

(E-mail:zjgsupress@163.com)

(网址:http://www.zjgsupress.com)

电话:0571—88904980,88831806(传真)

排　　版　杭州朝曦图文设计有限公司

印　　刷　杭州杭新印务有限公司

开　　本　850mm×1168mm　1/32

印　　张　5

字　　数　100 千

版 印 次　2011 年 8 月第 1 版　2011 年 8 月第 1 次印刷

书　　号　ISBN 978-7-81140-383-1

定　　价　15.00 元